Frédéric HELLOUIN

ESSAI DE CRITIQUE

DE LA

CRITIQUE MUSICALE

Cours professé à l'École des Hautes Études Sociales

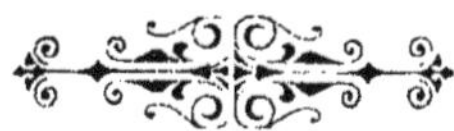

A. JOANIN & Cie

RUE DES SAINTS-PÈRES, 22

PARIS

1906

ESSAI DE CRITIQUE

DE LA CRITIQUE MUSICALE

Du même Auteur.

A LA MÊME LIBRAIRIE :

FEUILLETS D'HISTOIRE MUSICALE FRANÇAISE (première série). — *Mondonville, sa vie et son œuvre* (couronné par la Société des Compositeurs de musique). — *Histoire du métronome en France. — La mode de la harpe au XVIIIe siècle, les femmes enceintes et les médecins. — J.-J. Rousseau et la psychologie à l'orchestre*, etc. (1903).

1 vol................................... **3 fr. 50.**

GOSSEC ET LA MUSIQUE FRANÇAISE A LA FIN DU XVIIIe SIÈCLE. (1903).

1 vol................................... **3 fr. 50.**

Ouvrages honorés de souscriptions du Ministère de l'Instruction publique et des Beaux-Arts, et du Conseil municipal de Paris.

Frédéric HELLOUIN

ESSAI DE CRITIQUE

DE LA

CRITIQUE MUSICALE

Cours professé à l'École des Hautes Études Sociales

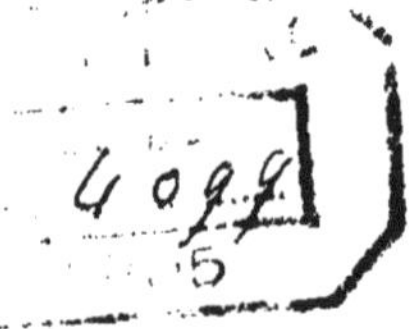

A. JOANIN & Cie

RUE DES SAINTS-PÈRES, 22

PARIS

1906

A Monsieur LÉON BOURGEOIS

Sénateur de la Marne

Administrateur de l'École des Hautes Études Sociales

Hommage de respectueuse sympathie.

INTRODUCTION

Faire une critique de la critique musicale, voilà le but que j'essayerai d'atteindre.

Définir est une tâche malaisée, et l'axiome théologique *Omnis definitio periculosa* n'est pas, dans son laconisme, pour m'encourager à formuler, en toute liberté, la définition que le sujet exige. Je me résignerai néanmoins à proposer les termes suivants :

La critique musicale est l'explication des œuvres de musique, le contrôle de leur valeur, l'examen de leurs beautés, de leurs défauts, et, subsidiairement, de leur interprétation.

Comme, dans cet ordre de faits, les mêmes phénomènes se reproduisent absolument identiques chez toutes les nations musicales, un peu plus tôt, un peu plus tard, nous limiterons à la France notre investigation. Ce champ d'expérience, par son ancienneté, sa richesse, ses importations étrangères, et les questions capitales qui y ont été agitées, constituera du reste un terrain de choix.

Nous relèverons immédiatement, dans notre critique musicale, une démarche bizarre, mal assurée. A y regarder de près, elle n'a pas une allure d'enfant, de vieillard ou de débile, mais plutôt, restant irrésolue, elle ne sait point exactement où diriger ses pas. En un mot, la jambe hésite parce que le cerveau vacille.

La conclusion logique d'une semblable constatation d'incompétence, — car il faut appeler les choses par leur nom, et s'occuper du point, le plus important, d'ailleurs, qui frappe immédiatement l'observateur, — c'est qu'il faut chercher un remède à l'état de choses établi.

Je me propose modestement de le faire. S'en offusqueront seulement les aveugles qui ne veulent pas voir, les déshérités qui ne sauraient comprendre, ou les aigrefins qui redoutent la mise en lumière de leurs agissements.

La question a déjà été traitée parfois, il est vrai, mais de façon incidente ou partielle, c'est-à-dire insuffisante. Jamais, à ma connaissance, elle n'a été examinée sous ses diverses faces. Jamais personne n'est allé jusqu'au bout de sa pensée. Il n'en est résulté que des indications trop incomplètes et des dissertations purement littéraires ou philosophiques, en somme peu de chose de pratique et de précis (1).

____

(1) Dans son *Essai sur la critique d'art* (Paris, Hachette), M. A. Bougot aurait dû combler cette lacune; mais par les quelques lignes qu'il y consacre à la musique, l'on est amené

Je tiens donc, en sollicitant l'indulgence, à reprendre cette question, mais en m'appuyant sur les faits historiques, ce que l'on me parait avoir omis jusqu'ici. On a toujours oublié l'histoire dans l'actualité. Oui ! en s'éclairant de la lueur du passé, les chances d'erreur seront ainsi réduites au minimum, car hier et maintenant laisseront pressentir ce que sera l'avenir.

Ceci étant, certains éprouveront sans doute la tentation de soutenir que le récit des vicissitudes du goût public ne saurait nullement intéresser les musiciens.

A ceux-là, il sera facile de répondre que toute œuvre musicale traverse le public en provoquant, sur son passage, des observations, absolument comme un vaisseau, fendant l'onde, creuse un sillage. Et de même que le sillage de ce vaisseau est inséparable de ce dernier, de même la critique ne fait qu'un avec la musique.

Dans ces conditions, l'on doit envisager, je crois, l'histoire de la critique musicale comme l'une des branches de l'histoire de notre art. Et chacun de nous est tenu de dire, en paraphrasant une réflexion célèbre de Térence : « Je suis musicien, et rien de ce qui touche à la musique ne doit m'être étranger. »

à constater combien ce domaine spécial lui était peu familier. Une remarque analogue s'impose pour M. E. Hennequin qui, dans sa *Critique scientifique* (Paris, Perrin, 1888, p. 38), va même jusqu'à invoquer en témoignage une œuvre qui n'a jamais existé, une *Symphonie en ut dièze mineur* de Beethoven ! ! !

La route que j'indiquerai ne s'ouvrira donc pas nouvelle, à proprement parler. Mais comme, par suite d'un manque de vue d'ensemble, elle a été mal établie dans son tracé ainsi que dans son aménagement, ma seule ambition est de mieux déterminer les méandres de son cheminement, de démontrer l'utilité de sa direction, d'abréger la longueur de son parcours, enfin d'en faire une voie carrossable.

LIVRE PREMIER

HISTOIRE

CHAPITRE PREMIER

ABRÉGÉ DE L'HISTOIRE DES TENTATIVES DE CRITIQUE MUSICALE DANS L'ANTIQUITÉ, LE MOYEN-AGE, LA RENAISSANCE, LE XVIIᵉ SIÈCLE ET LE COMMENCEMENT DU XVIIIᵉ SIÈCLE.

Avant d'aborder le côté historique, base de notre étude, il importe de noter tout d'abord les conditions générales dans lesquelles nous allons nous mouvoir sur ce terrain du passé et du présent. Pour cela, quelques mots suffiront, car ces conditions générales seront connues par la simple énumération des six points suivants :

En premier lieu, si nous jetons un coup d'œil dans la direction à suivre, nous apprendrons immédiatement que les jugements et examens d'œuvres musicales se traduisent de deux manières différentes. Pour se manifester, ils empruntent soit la voix, soit l'écriture. Il existe donc une critique orale et une critique écrite. Mais, comme le dit un vieux proverbe latin, les paroles s'envolent, et seuls les écrits restent. La critique écrite, en conséquence, nous retiendra surtout. Pourtant il me faudra mentionner parfois des dépôts d'observations verbales, dont les traces sont perdues, des infiltrations de remarques, ignorées des écrivains de l'époque.

Ensuite, la critique musicale s'intéresse soit à une page isolée, soit à un groupement de pages, ce groupement représentatif d'un artiste ou d'une école. On compte de ce chef une critique de détail et une critique générale.

C'est là une petite distinction que l'on doit signaler dès maintenant, pour n'avoir point à y revenir dans la suite.

De plus, la critique musicale s'exerce théoriquement avec des visées diverses. Elle peut s'occuper de l'étude des auteurs anciens, de l'étude des auteurs modernes, de recherches sur le Beau, de l'examen et de la découverte des principes qui président à l'élaboration d'une œuvre ou d'un ensemble d'œuvres, de l'enseignement de ces principes, de la question de savoir si un ouvrage est suffisamment possédé par le ou les exécutants. En d'autres termes la critique musicale sera historique, contemporaine, esthétique, théorique, pédagogique et d'exécution.

En pratique, il y aura, presque toujours,

sinon fusion absolue, du moins compénétration de ces différentes critiques, dans des proportions qu'il est malaisé d'indiquer, même approximativement. Cette compénétration, nous la négligerons constamment, car, étant donné le point de vue général auquel nous nous plaçons, elle reste pour nous sans la moindre utilité.

En outre, ceux qui émettent des appréciations musicales se divisent, sous le rapport à la fois artistique et social, en deux catégories. Les uns exercent une profession, rémunérée ou non, tandis que les autres ne s'adonnent à cette occupation que d'une façon accidentelle. Je veux dire par là qu'il y a une critique de professionnel, dans laquelle l'écrivain peut être un musicien amateur, et une critique d'amateur, dans laquelle l'écrivain peut être un musicien professionnel. Nous irons indistinctement de l'une à l'autre de ces deux catégories. Et à ceux qui s'étonneraient de nous voir assez longtemps arrêtés devant un commentateur médiocre, nous répondrions que celui-ci est parfois un témoin précieux de l'état de l'opinion du moment.

Il y a encore la question de savoir si nous choisirons les réflexions qui ont joui d'une grande publicité, en repoussant celles qui furent peu connues. Ne nous y attardons point, car outre la raison indiquée ci-dessus, relative à l'opinion régnante, également à invoquer ici, il en est une autre. Une étude, imprimée à de nombreux exemplaires, dont chacun est allé trouver plusieurs lecteurs, a pu rester sans aucun effet, tandis que l'apparition modeste et fugitive d'une autre étude a su provoquer un mouvement d'opinion.

Finalement, pour éviter les complications et les longueurs, l'exposé des faits historiques se limitera aux points strictement nécessaires aux considérations que nous aurons à formuler par la suite. Les individualités d'une époque se résument dans un petit nombre de types, autour desquels elles se groupent comme autour de leurs représentants naturels, et avec lesquels on a immédiatement l'inventaire des procédés en usage. Il importe, je crois, de laisser tout le reste de côté, car ce n'est que redite. Un récit ne gagne-t-il pas à être débarrassé des suppléments inutiles?

Aux termes mêmes d'une convention à laquelle nous nous sommes arrêtés, nous devons circonscrire nos recherches à ce pays. Il nous faut pourtant commencer par une autre région. La critique musicale n'est pas une invention moderne; elle plonge ses racines dans le passé, un passé très lointain. Nous avons donc à remonter jusqu'aux premiers temps de la musique civilisée pour rencontrer dans l'antiquité les origines de cette création.

Ces débuts de notre art, en d'autres termes

les balbutiements de la musique populaire grecque, on ne les connaît pas de façon certaine ; peut-être même les ignorera-t-on toujours (1). Néanmoins, bien qu'inconnus, ils fournissent au simple raisonnement la preuve de l'existence d'une critique musicale.

Primitivement, la musique populaire grecque était d'une très grande simplicité, pauvre en moyens techniques ; mais, non moins certainement, elle commença, plus ou moins tard, un léger raffinement, un modeste perfectionnement. Cet art nouveau s'est placé à côté de l'ancien, et une comparaison s'est aussitôt établie entre eux. Des remarques se sont échangées, favorables ou hostiles à la tentative. Les novateurs ont été entendus, et s'est élevée une manière jusqu'alors inconnue.(Ceci n'est qu'une déduction du bon sens, je le reconnais ; mais elle suffit à notre hypothèse, puisque des faits identiques, se produisant sous nos yeux, fournissent la même conclusion.)

Cette amélioration n'a-t-elle pas été, pour une partie tout au moins, le résultat d'une critique orale, dont évidemment jamais le plus petit vestige ne s'est conservé ? Un écho assoupi, ainsi que le bruit qui le réveille, laissent-ils autre chose qu'un souvenir fugitif ?

(1) A plus forte raison l'origine de la musique antérieure demeure-t-elle hors de notre portée ! En écartant les légendes, il faut considérer la musique comme l'œuvre du temps. Sa production, contemporaine des premiers cris du langage, dut être d'abord inconsciente, réflexe. Plus tard, de nouvelles découvertes, fixées par l'exercice et l'habitude, ont enrichi ce fonds primitif.

Ainsi, cette explication d'un enfantement esthétique, au point de départ de notre étude, nous fera maintenant comprendre ce qui se passera ultérieurement dans les circonstances à peu près semblables de tout avènement d'un progrès. Faut-il ajouter que, bien souvent, pour ne pas dire dans la généralité des cas, les commentaires écrits que nous trouverons, ne seront que la métamorphose et la survivance de commentaires oraux?

Arrivons à la critique grecque contemporaine de la musique cultivée, — ce dernier terme étant employé par opposition à celui de populaire, — laquelle musique est née, d'après la tradition, dans la première moitié du vii⁰ siècle avant notre ère. On saisira certainement mieux la pensée de cette critique lorsque l'on se rappellera la manière dont notre art était envisagé par la civilisation athénienne, et les deux doctrines musicales qui se partageaient alors les opinions.

La musique, pour le peuple grec qui, extrêmement rationaliste, ne se rendait pas très bien compte de ses effets, restait un mystère merveilleux. Au fond, elle le préoccupait beaucoup, l'inquiétait même. Aussi ses origines et sa nature avaient été recherchées avec acharnement par les philosophes, les mathématiciens et les astrologues. Sous la pression des écoles philosophiques, elle avait été pratiquement utilisée dans un but moral et social, mais, par contre, soumise à des prescriptions théoriques extrêmement sévères.

Quant aux deux doctrines musicales en question, elles émanaient des philosophes Pythagore et Aristoxène. Dans la seconde moitié du vi⁰ siècle, Pythagore introduisit, dans la matière, des principes scientifiques, et son école fut pour la prédominance absolue du calcul sur le sentiment. Vers le milieu du iv⁰ siècle, Aristoxène, répugnant à ce système, ne voulut admettre que l'oreille comme juge souverain du monde sonore. Voilà les deux thèses autour desquelles on a bataillé pendant bien longtemps (1).

Cependant on aperçoit des traces de critique bien avant la venue des contestations d'Aristoxène. Ainsi Lasos d'Hermione qui, à la fin du vi⁰ siècle, a rédigé, dit-on, la plus ancienne des théories musicales, et employé dans l'enseignement la doctrine de Pythagore, a certainement, dans cette circonstance, fait un examen favorable de cette dernière. Je passe sous silence d'autres faits analogues pour arriver à Platon, figure principale de la critique de l'antiquité.

Platon (430-347) est le premier dont les appréciations musicales soient parvenues jusqu'à nous. D'après les courts passages qu'il a con-

---

(1) GEVAERT, *Hist. et théorie de la musique de l'antiquité.* — GEVAERT et VOLGRAFF, *Les problèmes musicaux d'Aristote* (Gand, Hoste, 1901). — WEIL et REINACH, *Plutarque, De la musique* (Paris, Leroux, 1900). — C. E. RUELLE, *Eléments harmoniques d'Aristoxène* (Paris, 1871).

sacrés à notre art en certains de ses écrits, notamment la *République* et les *Lois*, on constate que, pour ce philosophe, la jouissance du beau musical reste purement intellectuelle et contemplative. Malgré son austérité, son rigorisme, son autoritarisme, son mépris aveugle pour tout raffinement, son adhésion excessive aux doctrines pythagoriciennes, il demeure néanmoins un grand artiste. Il inscrit, bien entendu, la musique dans le programme de sa république idéale; mais il faut voir de quelles restrictions elle eût été entourée (1). Il définit le caractère des divers modes, impose quelques-uns de ceux-ci, et proscrit impitoyablement les autres.

Il est curieux de noter chez lui la première protestation contre les audaces instrumentales, cet éternel cliché de la critique. Le passage vaut la peine d'être cité :

A cette confusion, nos poètes ajoutent le défaut contraire, qui est de tout séparer, tantôt présentant des mesures, des figures et des vers sans mélodie, et tantôt sans paroles des mesures et des mélodies qu'ils exécutent sur le luth ou sur la flûte, de sorte qu'il est fort difficile de deviner ce que signifient ces mesures et cette mélodie dénuées de paroles, ni à quel genre d'imitation un peu raisonnable cela ressemble; on ne peut au contraire s'empêcher de reconnaître qu'il y a dans tout cela une absence totale de goût, surtout dans cette affectation à accumuler des sons sans juger de la mesure et de l'harmonie, parce qu'ils ont appris par contrainte à chanter et à danser; ils ne songent

(1) PLATON (éd. V. Cousin), IX, 151 et 153.

pas qu'ils font cela par routine et sans principes. Toute mélodie est juste et bonne quand elle a le caractère qui lui convient; elle est manquée dès qu'elle en sort (1).

De même il répudie les instruments dont les cordes sont nombreuses.

Bref, Platon était un esprit ennemi de la nouveauté. Ce qu'il faut bien noter, c'est qu'il n'exerçait pas ses fonctions de commentateur et d'esthéticien d'une façon inconsciente; il avait au contraire, sur elles, des idées très arrêtées. A son avis, le premier venu ne pouvait juger de la musique; pour cela il fallait avoir reçu auparavant une éducation convenable, et être vertueux (2).

Son disciple Aristote (384-322) sera plus musicien. La technique paraît n'avoir gardé pour lui aucun secret. Observateur exact, davantage il tiendra compte de la réalité. Son raisonnement sera moins doctrinal, plus large. Aussi admettra-t-il toutes les variétés de mélodie et de rythme, louant Phrynis, le créateur de la musique fleurie, et admirant Timothée, un novateur contemporain (3).

Ceux qui, jusqu'à la disparition de l'art antique, pendant les premiers siècles de notre ère, sont venus par la suite, n'ont fait que répéter, sans se lasser, les doléances de Platon. Aussi, avant de passer en Gaule, n'aurons-nous

(1) Ouv. cité vii, 116.
(2) Ouv. cité. VII, 88 et 89. X, 101.
(3) GEVAERT et VOLGRAFF. — PIERRON et ZÉVORT, Métaphysique d'Aristote (Paris, 1840), I, 18.

point à nous arrêter à Rome, et ne resterons-
nous plus sous le ciel bleu de l'Hellade que
juste le temps de retenir les noms de Sextus
Empiricus (vers l'an 200 av. J.-C.), un esprit
étrange qui ne trouvait bien que ce qu'il faisait,
et de celui que l'on peut considérer comme le
dernier des écrivains musicaux de l'antiquité,
Plutarque (48-120), dont le traité *De la Musique*
n'est qu'un écho de la pensée de ses prédécesseurs (1). Après Plutarque, la critique musicale
écrite tombe dans un repos profond qui durera
trois siècles.

*

Mettons maintenant le pied sur notre vieux
sol gaulois. A vrai dire, nous n'y trouverons
pas l'esprit de la race nettement dégagé, mais
une sorte d'internationalisme occidental. En
effet, nous sommes alors dans cette période
que l'on appelle le moyen âge, qui va du
ve siècle à la fin du xve. Tel est le milieu dans
lequel va se réveiller l'organisme qui nous
intéresse.

Ce milieu est caractérisé par la lutte perpétuelle. Tout y combat pour l'existence : catho-
licisme, islamisme, royauté, féodalité. Par la
force même des choses, les intellectuels
s'étaient réfugiés dans les couvents, seul asile
où pouvait généralement s'écouler une exis-

(1) *Rev. des Etudes grecques* de 1898, 145. C. E. RUELLE,
Sextus Empiricus, contre les Musiciens. — WEIL et REINACH,
ouv. cité.

tence calme et uniforme. Il s'ensuit que, dans cette atmosphère monacale, vivaient côte à côte et des êtres épris de tranquillité, et des êtres influencés par la vie du dehors, c'est-à-dire combattifs dans le domaine des idées, passionnés de controverse. La controverse, on peut le dire au spectacle de l'importance qu'elle avait alors, a constitué toute la vie de l'intelligence médiévale. N'oublions pas que l'on songeait immédiatement au schisme dès qu'il s'agissait de modifier, de retrancher ou d'ajouter un seul mot dans un texte liturgique.

Nous devons, par conséquent, nous attendre à rencontrer, comme critiques musicaux, des moines d'esprit humaniste, discutant en latin, les uns posément, les autres avec ardeur. C'est en effet, ce que nous allons découvrir.

Ce qu'était véritablement la musique, non pas populaire, mais cultivée, de ces temps anciens, c'est-à-dire la musique religieuse, on l'ignorait encore récemment. Elle ne portait qu'une vague étiquette libellée de deux manières différentes : chant grégorien ou plain-chant. M. Houdard, avec talent et clarté, vient de démontrer à la Sorbonne qu'en réalité le chant chrétien avait été formé par divers courants, et il partage l'histoire musicale du moyen-âge en une série de divisions dans le détail desquelles nous n'avons pas à entrer ici. Qu'il nous suffise de savoir que ce chant chrétien est resté dans une période de tâtonnements pendant les trois premiers siècles, s'est constitué peu à peu, s'est épanoui relativement et est entré en décadence pour être remplacé, à la fin du xiie siècle, par ce que l'on peut appeler l'élaboration de l'art contrapuntique.

Il va sans dire que ce chant chrétien n'a pu ainsi traverser ces phases successives que sous la vigoureuse poussée de protestations et d'encouragements verbaux, chacun des deux camps, le conservateur et le progressiste, alternativement vainqueur et vaincu (1).

Quant à des observations écrites, nous n'en trouverons que vers le commencement du vie siècle, avec Cassiodore. On ne fait alors que de la critique générale. Au milieu de discussions vagues, puériles et interminables, — par exemple les rapports de la gamme avec la Sainte Trinité, — ces casuistes, pour la plupart esprits faussés par un enseignement tout d'une pièce, parlent à peine — et encore n'est-ce que d'une façon très évasive — des origines légendaires ou historiques de la musique, et tout autant, du reste, de professionnels contemporains (2).

(1) M. Houdard enseigne que l'on accepta comme un fait accompli l'apport des chanteurs orientaux, qu'on l'adopta sans mot dire. Je ne partage pas complètement cet avis, auquel est opposable une objection de principe. Mon savant confrère n'envisage ici que les documents écrits, sans paraître tenir compte de cette évidence scientifique que la vie implique toujours la lutte. Depuis que tourne la terre, jamais une idée nouvelle n'a été admise à l'unanimité.

(2) Voici, par exemple, ce que dit Cassiodore d'un musicien célèbre de son temps, artiste totalement inconnu aujourd'hui : *Vir magnificus librum de hac re compendiosa brevitate conscripsit.* Ce grand homme composa sur cette ma-

La critique de détail apparaît vers le milieu du ixe siècle, avec Aurélien de Réomé (1): mais ces nouvelles réflexions, bien que conçues avec une préoccupation un peu différente, restent toujours embryonnaires.

Ainsi la critique musicale est sortie légèrement affaiblie de son repos prolongé. Voila qui me paraît certain. Cependant elle ne demeurera pas dans un état stationnaire; elle se développera peu à peu, et l'attention se tournera vers ses efforts. On se rend compte, par des textes de Réginon de Prum (2), à la fin du ixe siècle, et de Gui d'Arezzo, au vi^e (3), combien

tière (la musique) un livre d'une précieuse concision. (GERBERT, *Scriptores ecclesiastici* (1784), 1. 19.

Voir également (p. 20 de ce même ouvrage) les remarques d'Isidore de Séville, qui se produisent un siècle plus tard.

(1) Voici un spécimen de ces critiques : « Plagis protus habet introitum huncaut. *Dominus illuminatio mea*, nullamque, ut reor, habet varietatem in introitis (1. introitibus) quia pene omnes ita leniter incipiunt. Unde est illud ant. *Dominus fortitudo*, eiusdem off. *Ad te Domine levari animam meam*, repetitio enim ipsius hic. Etenim Com. *Exiit sermo inter fratres*, similatur finis ipsius versiculi superioris finem introiti (1. fini introitus). » Dans le premier ton plagal, il y a cet introït, l'antienne, *Dominus, illuminatio mea*. Ce ton n'offre, à mon avis, aucune variété dans les introïts, attendu que presque tous ceux-ci commencent également d'une manière douce. Par exemple est celui formé de l'antienne *Dominus fortitudo* qui appartient au même office. *Ad te, Domine, levari animam meam* est, en effet, ici, la répétition de la même antienne. Dans la communion *Exiit sermo inter fratres*, la fin du petit verset se rapproche de celle de l'introït précédent (Ouv. cité, 1, 45).

(2) « Interea sciendum est, quod non ille dicitur Musicus, qui eam manibus tantummodo operatur, sed ille veraciter Musicus est, qui de Musica naturaliter novit disputare, et certis rationibus ejus sensus enodare. » Cependant que l'on sache que le musicien n'est pas celui qui pratique la musique manuellement, mais bien celui qui sait la discuter en connaissance de cause, et en expliquer le sens par des déductions solides (Ouv. cit., I, 246).

(3) Ouv. cité, II, 25.

les controverses musicales seront alors tenues en estime.

La faculté d'analyse s'exerce donc dans ce milieu particulièrement favorable aux choses intellectuelles. Comme il s'agissait d'un plaisir de l'esprit, il était tout naturel de chercher à comprendre et à expliquer ce plaisir.

Après avoir noté des mécontentements contre la décadence qui avait amené le beau chant chrétien à sa ruine, notamment celles d'Aribon et de saint Bernard (1), au xiᵉ et au xiiᵉ siècles, je dirai que, dans la période d'élaboration de l'époque contrapuntique, je ne vois rien d'absolument notable à signaler. Les théoriciens formulent des principes, et indiquent parfois, comme exemple à l'appui, telle page de tel compositeur. Ainsi procède en particulier Jean de Muris (2).

J'arrive de suite à la Renaissance avec son école de contrepoint vocal qui occupe largement tout le xviᵉ siècle. La critique musicale — et il est bien entendu que dorénavant nous entendrons toujours par cette expression la critique écrite — passe alors aux mains des laïcs. Seulement l'habitude d'employer le latin comme langue scientifique se conserve. Parmi les spécimens du genre je prendrai un extrait du *Dodecachordon*, qui a paru à Bâle en 1547, mais dont l'auteur, le

(1) Ouv. cité, II, 227. — *Sancti Bernardi opera* (éd. Gaume), I, col. 1.542. — Cité par M. Houdard.

(2) De Coussemaker. *Scriptorum de musica medii ævi* (1864). — Voir aussi deux de ses anonymes. I, 342 et III, 370.

philosophe Glaréan, vécut quelque temps à
Paris :

Joannes Mouton Gallus, quem nos vidimus, quemad-
modum antea in hoc adeo libro testati sumus, rarita-
tem quandam habuit studio ac industria quaesitam,
ut ab aliis, quos hactenus commemoravimus differret,
alioqui facili fluentem filo cantum edebat (1).

Cet ouvrage ne contient que de la critique
générale, très sommaire et peu fréquente. En
1636, dans l'*Harmonie universelle*, le savant
Père Mersenne, mathématicien et philosophe,
continue la même nature de gloses, mais en
français, et avec de timides considérations
techniques. Les passages qui peuvent nous
intéresser deviennent maintenant plus nombreux. En voici un assez long, d'une seule
phrase néanmoins :

La bonté et l'excellence de la musique ne consiste
pas seulement aux accords bien couchez, comme ils
sont dans la musique du Caurroy, mais aussi dans la
beauté et dans la diversité des mouvemens, qui sont
cause que ledit organiste plaist dauantage que les
autres, quoy que plus sçavants dans la composition ;
que Claudin le Jeune est mieux receu de plusieurs
que du Caurroy, et que lesdits Maistres trouuoient à
redire aux duos de Claudin, à raison qu'ils ne sçau-
uoient pas que les mouuemens qu'il leur donnoit,
cachoient l'imperfection qu'ils s'imaginoient y rencontrer ; ou bien qu'ils ont establi des régles pour

(1) 461. — Le français Jean Mouton, que nous avons vu
nous-mêmes, comme nous l'avons déjà certifié dans ce livre,
acquit une haute notoriété par son travail et son talent, de
telle sorte qu'il se distingua de ceux que nous avons men-
tionnés jusqu'ici, en mettant au jour une mélodie d'un cours
facile.

coucher les consonnances dans les duos, qui restreignent trop le musicien et qui luy ostent la liberté de faire plusieurs choses excellentes, laquelle ils reprenoient mal à propos en Claudin, dont le bon naturel surpassoit toute leur science, laquelle n'a pas encore esté establie par des principes infaillibles, dont tous les hommes puissent tomber d'accord (1).

La clarté n'était pas encore une qualité courante de la critique. A ce point de vue, l'entrée en scène du journalisme apportera une modification profonde. Il suffit, pour s'en convaincre, de lire, dans le plus ancien de nos journaux français, la *Gazette* de Renaudot, en 1648, ce compte-rendu d'une représentation musicale, car nous en sommes à la période de l'opéra :

C'estoyent les avantures d'Orphée, enrichies, outre ce qu'en disent les Poëtes anciens, d'entrées magnifiques et d'une continüelle musique d'instrumens et de voix : où tous les personnages chantoyent avec un perpétüel ravissement des auditeurs, ne sçachans lequel admirer le plus, ou la beauté des inventions, ou la grace et la voix harmonieuse de ceux qui les récitoyent, ou la magnificence de leurs habits : Car, pour la variété des scènes, les divers ornemens du Théâtre et la nouveauté des machines, ils passoyent toute admiration (2).

Assurément la part faite à la musique demeure bien minime; mais, au moins, on comprend facilement ce que l'écrivain veut dire, ce qui constitue déjà une qualité. Tout comme Renaudot, Loret, dans sa *Muze historique*, ne donne que des procès-verbaux d'exécutions.

(1) P. 205.
(2) P. 205.

La critique, en jetant ainsi les questions d'art musical dans les feuilles publiques, aurait pu devenir véritablement utile. Malheureusement, l'incompétence de ceux qui se chargeaient de ce soin, ne leur permettait pas de remonter jusqu'au principe des choses, de reconnaître théoriquement les défauts des œuvres musicales, et leurs articles s'avèrent médiocres. Le seul résultat vraiment appréciable est pour nous : dans ces nouvelles conditions, le nombre des documents augmente.

Et pourtant les glossateurs avaient une besogne bien simplifiée à remplir, puisque, dans la première moitié du xviiᵉ siècle, la musique venait de traverser une des phases capitales de son histoire. L'excessive richesse polyphonique avait cédé la place au système très rudimentaire de la basse continue, où la voix, s'écoulant avec majesté, n'était plus soutenue que par quelques notes d'accompagnement. Et ce qui était fait pour apprendre, à la longue, leur métier à ces glossateurs, c'est que tous les ouvrages produits se ressemblaient entre eux, se maintenaient sans variété.

Pour toute la société du siècle de Louis XIV, notre art était considéré comme une simple distraction, dont on s'occupait médiocrement. Cependant quelques esprits curieux, touchés par les doctrines rationalistes de Descartes, voulaient se rendre compte des particularités qu'offraient certaines écoles musicales. C'est ainsi

qu'un nommé Le Gallois, dans une curieuse
petite brochure consacrée à la musique et surtout à des virtuoses, la première du genre, à
ma connaissance, cherche, avec naïveté, à expliquer les différences qu'il croit saisir entre
les musiques italienne et espagnole :

Nous voyons aussi qu'encore que les Espagnols
habitent un païs extrêmement chaud, aussi bien que
les Italiens, néanmoins parce que l'Espagne est plus
brûlée que l'Italie; et qu'en conséquence de cela ses
habitants sont sujets à de plus grandes dissipations
d'esprit, à des ardeurs extraordinaires d'entrailles, qui
consumant la partie la plus douce des humeurs, les
brûlent entièrement, et les rendent comme de la poix
et du bitume, cela fait que leurs humeurs devenant
plus pesantes et plus graves que celles des Italiens,
qui sont plus sanguins, elle se plaît aussi à une musique plus lente et plus traînante (1).

L'étrange, c'est que les contemporains de
Lully, qui s'efforçaient ainsi de trouver les caractéristiques des écoles, n'aient pas particulièrement remarqué l'accent de vérité de ce compositeur, cet accent de vérité qu'il faut préciser
en disant qu'il restait plutôt en deçà, puisqu'il
s'appliquait à la pompe d'un spectacle de cour.
Le vieux maître le tenait de l'état d'esprit
d'alors, assez porté vers ce que l'on appellera
plus tard « l'imitation de la nature » (2).

(1) *Lettre de M. Le Gallois à Mlle Regnault de Solier touchant la musique* (Paris, 1680), 38.

(2) Le moyen âge avait aimé la nature, l'humanisme le lui
ayant appris. Ronsard et la Pléiade s'étaient écartés d'elle, et,
par la suite, on en arrive à trouver que le vrai est vulgaire.
Boileau, bien que l'on feigne de l'oublier, a réagi contre cette
tendance, car c'est lui qui a dit :

Il nous faut maintenant arriver à la première bataille musicale qui soit consignée dans nos annales. Pour parler exactement, je devrais plutôt employer le mot « escarmouche », car il s'agit des petites discussions qui s'élevèrent, à la fin du xvii* siècle, au sujet de la majesté gracieuse et mesurée de la musique française, et de la vivacité pétulante et alerte de la musique italienne.

En 1647, Mazarin avait fait venir à Paris, au Louvre, des chanteurs italiens pour représenter l'*Orfeo* de Luigi Rossi. Dans la suite, quelques œuvres d'outre-monts avaient passé les Alpes, et la question de la supériorité de l'une des deux écoles ne tarda pas à se poser. Dès 1657, nous découvrons des traces de cette particularité dans la haute société (1). Le poète Saint-Evremond, qui, en somme, n'aime pas beaucoup notre art, ne manque pas d'intervenir dans le sujet (2).

En 1702, la controverse est portée devant

« Rien n'est beau que le vrai, le vrai seul est aimable. » L'abbé Dubos n'a donc pas eu l'honneur, comme on le répète toujours, de poser le principe de l'imitation de la nature, en 1719; il n'a fait, ainsi que nous le verrons bientôt, que formuler la chose d'une façon explicite.

Le xvii* siècle a compris la nature, mais sans éprouver, comme nous, le besoin de le dire. Une preuve de ce sentiment existe encore, qui me frappe bien souvent. Que l'on veuille remarquer les sites où sont élevés les édifices somptueux de cette époque. C'est toujours le point exact d'où l'on jouit du panorama le plus beau des alentours. Et, dans les propriétés modestes qui étaient agrémentées d'une terrasse, l'emplacement de celle-ci était invariablement choisi avec un tact merveilleux.

(1) Michel Brenet, *Les concerts en France sous l'ancien régime* (Paris, Fischbacher, 1900), 91.

(2) *Œuvres meslées* (Paris, 1697), II, 293.

l'opinion par un littérateur, l'abbé Raguenet. A la suite d'un voyage à Rome, il était devenu enthousiaste de la musique italienne qu'il trouve « picquante ». Son plaidoyer, où se rencontrent quelques remarques heureuses, est intitulé *Paralele des Italiens et des François en ce qui regarde la musique*. Voici un de ses passages principaux :

Les Airs Italiens sont plus détournez et plus hardis que les Airs François ; le caractère en est poussé plus loin soit pour la tendresse, soit pour la vivacité, ou pour toutes les autres sortes d'espéces. Les Italiens unissent même quelquefois des caractéres que les François croyent incompatibles. Les François, dans les pièces à plusieurs parties, ne travaillent communément que celle qui est le sujet ; les Italiens au contraire, les font toutes, pour l'ordinaire, également, belles et recherchées ; enfin le génie des derniers est inépuisable pour inventer, au lieu que celui des premiers est assez étroitement borné (1).

Depuis l'époque du contrepoint vocal, la musique descriptive avait toujours séduit notre esprit français. Raguenet en est le partisan si déclaré qu'il l'aperçoit même là où elle n'existe probablement pas :

C'étoit un air dont les notes étoient pointées à la manière des gigues ; le caractére de cet air imprimoit si vivement dans l'âme l'idée de flèche ; et la force de cette idée séduisoit tellement l'imagination, que chaque violon paroissoit être un arc ; et tous les archets, autant de flèches décochées dont les pointes sembloient darder la Symphonie de toutes parts (2).

(1) P. 28.
(2) P. 46.

Les fidèles de l'art français ne pouvaient rester sous le coup de cette attaque. Aussi, trois ans après, Lecerf de la Vieville de Freneuse, « garde des sceaux du Parlement de Normandie », fait paraître une *Comparaison de la musique italienne et de la musique françoise*. Cette fastidieuse dissertation, qui, d'ailleurs, est peu goûtée (1), défend surtout Lully, et n'offre rien de caractéristique (2).

Cette première lutte continuera pendant bien longtemps, mais à l'état latent, jusqu'au jour où, en 1733, sera représenté l'*Hippolyte et Aricie* de Rameau, œuvre qui choquera les partisans de Lully. Alors commencera la querelle des Lullystes et des Ramistes, dont, faute d'intérêt, pas un seul détail n'est à retenir pour nous.

Nous avons pénétré en plein xviiⁱ siècle. Avant le dernier fait que nous venons de considérer, un autre, très notable, s'y était accompli. Je veux parler de l'entrée en scène des *Réflexions critiques sur la poésie* de l'abbé Dubost, esthéticien fréquemment cité. Ce livre, qui date de 1719, formule très explicitement, pour la première fois, un principe que nous connaissons déjà, celui de l'imitation de la nature, dans les beaux-arts, dont les générations sui-

(1) « On pourroit seulement souhaiter que la bonne cause fût en meilleure main. » *Jour. des Savants* de 1705, 686.

(2) La même année 1705, Raguenet riposte par une *Défense du paralèle des Italiens et des François*, etc., et l'année suivante, Lecerf lance une *Réponse à la défense du paralèle*, etc.

vantes ont été, pendant bien longtemps, les adeptes fervents. Il en faut citer cette page d'un style agréablement démodé, dans laquelle il est question de Lully :

Les symphonies convenables au sujet et bien caractérisées contribuent beaucoup à nous faire prendre interest dans l'action des Opera où l'on peut dire qu'elles jouent un rolle... La symphonie de l'Opera de Roland qu'on appelle communément Logistille, joue très-bien son rolle dans l'action où elle est introduite. L'action du cinquième acte où elle est placée, consiste à rendre la raison à Roland qui est sorti furieux de la scène à la fin du quatrième acte. Cette belle symphonie donne même l'idée de celles dont Cicéron et Quintilien disent que les Phythagoriciens se servoient pour apaiser les idées tumultueuses que les mouvements de la journée laissent dans l'imagination, avant que de mettre la teste sur le chevet... Pour revenir à la symphonie de l'Opéra de Roland qui nous donne une idée des airs, au son desquels les Pythagoriciens se disposoient au someil, elle est entièrement dans la vérité de l'imitation... Ce n'est point le silence qui calme le mieux une imagination trop agitée. L'expérience et le raisonnement nous enseignent qu'il est des bruits beaucoup plus propres à le faire que le silence même. Ces bruits sont ceux qui comme celui de Logistille continuent longtemps dans un mouvement presque toujours égal, et sans que les sons suivants soient beaucoup plus aigus ou plus graves, beaucoup plus lents ou beaucoup plus vites que les sons qui les précédent, de manière que la progression du chant n'aille point par bonds et par secousses (1).

Ainsi Dubos est le premier qui ait nettement mis en lumière la vérité de l'accent de Lully.

(1) I. 650.

Voilà qui fait honneur à sa sagacité. Son observation sur l'imitation de la nature se retrouvera fréquemment par la suite. Ainsi je mentionnerai un autre esthéticien, le Père André, qui, en 1711, dans un *Essai sur le Beau*, dit notamment ceci (1) :

La dispute qui s'élève depuis quelque tems sur la presséance entre la musique Italienne et la musique Françoise, peut avoir plus de fondement et d'utilité. Mais je ne sçai si elle fait plus d'honneur à notre goût. Il y a soixante ans que la musique Françoise, qui se contente dans ses compositions de parer modestement la nature, l'emportoit sans contradiction sur tous les brillans de la musique Italienne.

. . . .

Nous sommes naturellement si délicats sur ce point de l'unité musicale, que nous voulons sans miséricorde, que les compositeurs portent leur attention, non seulement au caractère des sujets qu'ils traitent, mais jusqu'au lieu de la scène où leurs pièces doivent paroître, jusqu'à la condition des personnes qu'ils y font parler, jusqu'aux mœurs et aux sentimens qui les caractérisent dans l'histoire.

Il est vrai que quelques années auparavant, en 1732, dans le *Parnasse français*, recueil consacré aux hommes éminents de notre pays, le littérateur Titon du Tillet, parlant précisément de Lully, le félicitait de s'être éloigné de la vérité, car il déclarait gravement : « Ses ouvrages... ont tiré notre musique d'un uniforme souvent ennuieux et d'une exactitude qui devient insipide » (1). Mais ce n'était là

(1) 236 et 286
(1) 394.

qu'une de ces grosses bévues, dont la critique a toujours été coutumière, et auxquelles il faudra nous habituer.

CHAPITRE II

Histoire de la critique musicale ancienne
(milieu du XVIIIe siècle a 1820).

Parvenus à ce point de notre étude, nous nous trouvons en présence des troisième et quatrième querelles musicales du XVIIIe siècle, la guerre des Bouffons, qui commence en 1752, et celle des Gluckistes et des Piccinnistes, qui se déclare en 1774. A la vérité on peut dire, étant donné le nombre des documents accumulés dans ces circonstances, leur valeur relative, et l'influence qu'ils ont exercée, qu'alors seulement a été inaugurée une critique s'appliquant aux choses de notre art, la critique musicale ancienne. Il s'agit, en un mot, de l'entrée en scène et de l'action de ces philosophes connus sous le nom d'Encyclopédistes, d'Alembert, Rousseau, Diderot et Grimm, notamment.

Les idées des Encyclopédistes sur la musique sont restées mal connues. On s'est trop occupé, je crois, de chacune des individualités de ce groupe, sans songer à considérer celui-ci dans son unité, à suivre une ligne d'ensemble (1). On ne s'est point aperçu que les arguments, débarrassés des accessoires de verbosité, se rédui-

---

(1) Les livres de M. A. Jullien sont typiques à cet égard. De plus, ils fourmillent d'inexactitudes, et présentent un cas assez curieux : jamais une citation d'auteur n'est reproduite exactement, et parfois des phrases d'un très joli tour subissent des retouches malencontreuses.   .

sent en réalité à un assez petit nombre, et qu'ils
ressemblent — on me pardonnera la comparaison — à ces figurants de théâtre qui défilent
sur la scène, se succédant toujours les mêmes,
et donnant l'illusion d'une foule immense.

Je me propose, au contraire, de ne retenir,
en les résumant, que les faits capitaux et les
idées maîtresses de cette joute de libelles, dont
le récit détaillé n'a pas besoin d'être renouvelé
une fois de plus, et où chacun a voulu dire son
mot, même des tabellions et des officiers de
mousquetaires. J'examinerai ensuite, après
avoir constaté la victoire des Encyclopédistes,
la manière favorable dont ces derniers sont actuellement appréciés ; enfin si cette appréciation est juste, en d'autres termes si le rôle de
ces littérateurs a été heureux ou néfaste pour
la musique.

*
* *

La guerre des Bouffons, — appelée aussi
guerre des Coins, — qui s'est déclarée au sujet
de la musique française et de la musique italienne, a été provoquée par l'arrivée à Paris, au
mois d'août 1752, d'une troupe de chanteurs
d'outre-monts (1). L'effervescence ne se manifesta pas subitement, car tout comme les luttes
entre peuples, les querelles musicales s'annoncent toujours par des escarmouches. Exami-

(1) Ces chanteurs italiens étaient alors appelés bouffons. Au
parterre de l'Opéra, les partisans de la musique française se
plaçaient sous la loge du roi, et leurs adversaires sous celle
de la reine. Il y avait ainsi le côté du roi et le côté de la reine.

nons donc quelle était, aux moments qui pré-
cédèrent le conflit, la situation respective des
belligérants, autrement dit l'état des esprits, et
celui de la musique française en particulier.

Depuis le commencement du siècle, une hostilité sourde régnait entre les adeptes des deux
écoles. Cependant une nuance était saisissable
entre les deux partis. Alors que le camp italien
demeurait absolument uni, le camp français,
au contraire, se divisait : les uns étant pour
Lully, les autres pour Rameau.

Quant à notre musique, elle était riche de
toutes les améliorations dont ce dernier l'avait
dotée. Bien entendu, là n'était point la perfection ; le temps s'écoulait, et il s'agissait de gagner la prochaine étape sur la route du progrès.

Dès 1741, un philosophe, l'abbé Mably, dans
ses *Lettres à Mme la Marquise de P... sur
l'Opéra,* jugea les qualités et les défauts des
deux musiques, d'une façon très saine. C'était
un ignorant des choses du métier, mais un
esprit admirablement équilibré, doué d'une
grande faculté d'assimilation, qui avait su retenir ses lectures de Raguenet et de Lecerf. Il
lança donc cette petite brochure qui ne souffre
pas de trop de points faibles. La quatrième
lettre est la meilleure, et j'en tire les deux
passages suivants :

Ils (les Français) n'ont que des oreilles, et au lieu
de penser que l'opéra est l'imitation d'une action, ils
ne le regardent que comme un concert : c'est là ce
qui gâte tout à la fois les musiciens et les acteurs

toujours jaloux d'attirer les applaudissements de la multitude. J'ai vu même des gens de beaucoup d'esprit se fâcher contre un acteur, qui pour mieux rendre la nature, étouffe et retient sa voix avec art, et applaudir des éclats et des ports de voix misérablement placés.

. . . .

On se contente aujourd'hui d'une certaine expression grossière, qui ne peut plaire à des gens de goût : la colère fait toujours beaucoup de bruit; on fatigue la poitrine de tous les acteurs, les oreilles de tout le spectacle, et les mains de tout l'orchestre. On appelle délicatesse une certaine mignardise de chant, qui fait nécessairement perdre de vue à tous les spectateurs la situation de leur Héros. Un Musicien croit aujourd'hui s'être suffisamment asservi au Poëte, quand il n'aura point passé sans badiner sur un *Murmure* ou sur un *Voler*, et qu'il ne laissera jamais prononcer le nom des *Oiseaux*, des *Ruisseaux* et du *Tonnerre* sans des roullemens imitatifs. Un homme raisonnable, et qui songe plus au cœur qu'aux oreilles, néglige souvent ces agrémens frivoles. Il s'attache à rendre la pensée et le sentiment d'un vers, sans vouloir faire une peinture des mots en particulier (1).

L'abbé Mably mettait ainsi le doigt sur certains ridicules de notre ancien opéra français, et il avait grandement raison. Pourtant, comme il se montrait passablement profiteur, son mérite était, somme toute, relatif.

Onze ans après, en janvier 1752, c'est-à-dire sept mois avant l'arrivée des Bouffons, l'Opéra donna une reprise *d'Omphale*, tragédie lyrique de Destouches, qui avait été jouée en 1701 pour la première fois. Aussitôt Grimm attaqua cet

(1) 137 et 113.

ouvrage violemment — ajoutons injustement parfois — dans un libelle intitulé *Lettre de M. Grimm sur Omphale* (1). En même temps il faisait l'éloge de Rameau, disant notamment ceci :

C'est aux philosophes et aux gens de lettres que la Nation doit, sans s'en douter, son goût devenu depuis peu général pour la bonne musique ainsi que pour tous les autres arts. C'est à leurs éloges que M. Rameau doit principalement la justice et les honneurs que toute la Nation lui rend aujourd'hui (2).

Ce passage pose la question, capitale en l'espèce, et qui me semble avoir été laissée dans l'ombre jusqu'ici, des relations personnelles de Rameau avec les Encyclopédistes. Nous y constatons que ceux-ci, avant l'arrivée des Bouffons, défendaient ouvertement l'auteur d'*Hippolyte et Aricie*, et que, dans la querelle des Lullystes et des Ramistes, ils se rangèrent parmi ces derniers. Pourquoi donc, par la suite, à l'exception de d'Alembert qui resta un ami fidèle (3), tous, changeant complètement d'attitude, attaquèrent-ils Rameau ? Qu'était-il donc survenu ?

(1) Cette lettre provoqua, de la part de l'abbé Raynal, des *Remarques au sujet de la lettre de M. Grimm sur Omphale*, auxquelles Grimm répondit. Ensuite Rousseau fit paraître à son tour une *Lettre à M. Grimm au sujet des remarques ajoutées à sa lettre sur Omphale*, dont on parlera tout à l'heure.

(2) 35.

(3) Consulter à ce sujet sa *Liberté de la musique* (d'Alembert, *Œuvres complètes* (Paris, 1821), 1, 515), écrite en 1760, date qui, nous le verrons bientôt, est caractéristique en la circonstance. — Voir également dans le *Mercure* (mai 1752, 75) une lettre de Rameau, et, à la Bib. nat. (V pièce 25.182), la petite brochure qui porte ce titre : *Lettre de M. d'Alembert à M. Rameau et réponse de M. Rameau*.

Certaines dates et certains détails vont nous fournir des indices révélateurs de ce qui dut se passer.

*
* *

Si Grimm, d'une manière publique, parlait ainsi favorablement de Rameau en 1752, nous voyons que, dans une lettre privée remontant à l'année 1749, il avait fait également son éloge (1). Mais deux ans après, en 1751, dans une autre lettre privée, il s'était, au contraire, réjoui de l'insuccès d'un grand motet de ce compositeur au Concert Spirituel (2).

Ayant ainsi, par ces deux fragments de correspondance, la pensée secrète de Grimm, nous savons que ses sentiments pour l'auteur d'*Hippolyte et Aricie* se sont modifiés de 1749 à 1751. Mais ce revirement n'était point particulier à cet écrivain; il nous livre l'état d'esprit du groupe encyclopédique, dont les membres étaient très unis, et se voyaient alors pour ainsi dire tous les jours. Quelle était donc sa cause ?

La cause me semble être l'apparition de l'*En-*

(1) « Notre très-illustre et très-célèbre musicien M. Rameau... Le public attend avec impatience le triomphe d'un artiste qu'il adore et qui lui procure tous les jours des plaisirs si vifs. » *Corresp. littér.* (éd. Tourneux), I, 313.

(2) « Il a voulu être le premier à l'église comme il l'est au théâtre. Cette ambition l'a déterminé... Les meilleurs amis de Rameau ont été forcés de convenir qu'il n'y avait ni récits brillants, ni chœurs majestueux, ni symphonies ni images, ni ensemble dans sa musique. Mondonville n'a pas été détrôné, et la rivalité de Rameau a redoublé l'estime que l'on avait pour ses motets. » *Ouv.* cité II, 46.

cyclopédie en 1751, sans la collaboration de Rameau. Je m'explique.

Lorsqu'en 1750, dans un but intéressé, mais tout naturel, les lanceurs du célèbre dictionnaire se mirent à la recherche des compétences dont s'honorait chacune des branches du savoir, il est évident qu'ils pensèrent tout d'abord à Rameau, pour le charger de la partie musicale de leur ouvrage. Par sa valeur, ses travaux théoriques antérieurs, sa haute situation artistique, ce compositeur était un collaborateur tout indiqué, disons plus, l'homme de la situation. Et cependant il est probable qu'on ne lui soumit pas la proposition ou qu'alors il la repoussa. Voici les motifs de ma supposition :

N'oublions pas que le xviii⁰ siècle aimait les théories audacieuses et les discussions. La société moderne se trouve, en somme, régie par des principes dont les germes ont été alors jetés dans le grand courant des idées. C'était, par suite, au point de vue des relations mondaines, l'époque des coteries. Ceux qui partageaient une certaine manière de voir constituaient une sorte d'association. Pour employer une expression vulgaire, on éprouvait le besoin de se sentir les coudes. Dès qu'une particularité était soumise à l'opinion publique, celle-ci se divisait aussitôt en deux partis adverses.

Au point de vue religieux, politique et social, on était partagé en deux grands courants : le monde de la cour et celui des philosophes. Le premier inclinait vers le maintien de l'état de choses actuel, le second vers son changement.

Rameau, avec son passé, les titres de noblesse qui lui avaient été conférés par le roi, la pension qu'il recevait, la protection toute particulière de ce parfait courtisan qui s'appelait le fermier général La Pouplinière, — sur lequel de retentissantes mésaventures conjugales avaient attiré l'attention générale, — Rameau, dis-je, appartenait au bloc du monde de la cour. Par contre, étant données ses relations primitives avec les philosophes, et notamment la manière dont il reçut, à ses derniers moments, le curé de Saint-Eustache (1), on peut affirmer qu'il était de cœur avec les Encyclopédistes.

Dans ces conditions, ou bien ceux-ci, quand ils ont commencé des démarches pour leur ouvrage, ont eu la délicatesse de ne pas solliciter sa collaboration, ou bien, s'ils ont tenté la chose, un refus leur a été opposé. Telle est, je crois, la conclusion logique à déduire de ce que nous savons.

En tous cas, la nouvelle entreprise se trouvait privée du seul musicien sur lequel elle pouvait sérieusement compter, et cela lui causait assurément de l'embarras. D'où ce ressentiment dont nous découvrons des traces dans la correspondance de Grimm.

(1) Différents prêtres n'ayant pu en rien tirer, M. le curé de Saint-Eustache s'y est présenté, a péroré longtemps, au point que le malade ennuyé s'est écrié avec fureur : « Quel diable venez-vous me chanter là, Monsieur le Curé ? Vous avez la voix fausse. » (BACHAUMONT, *Mémoires secrets*, II, 102.)

On se rappelle que la partie musicale de l'*Encyclopédie* fut alors confiée à Rousseau, lequel ne se tira d'affaire qu'au prix de grosses bévues.

Ces bévues se révélèrent dès les premières livraisons de la publication, et eurent certainement le don d'exciter l'humeur ombrageuse de Rameau. A ce moment, se produisirent vraisemblablement une série de petits incidents, de questions personnelles, sur le détail desquels nous ne serons jamais fixés.

A la suite, soit de conversations entre Rameau et certains membres du groupe, soit de propos rapportés par des tiers, la mésintelligence s'accentua. Et si l'on m'objectait les éloges de Grimm en 1752, dans ces lettres de tout à l'heure sur *Omphale*, je rappellerais qu'il ne s'agissait là que d'une manifestation publique, où il faut reconnaître la main de d'Alembert, lequel attaqua bien la musique française, mais jamais Rameau.

D'ailleurs, ce dernier document est antérieur de quelques mois à l'arrivée des Bouffons, et dès que ceux-ci poseront de façon plus pressante la question de la supériorité de l'une des deux musiques, toute l'armée encyclopédique, avec armes et bagages, passera bien ostensiblement dans le camp italien. Dans sa *Lettre à M. Grimm au sujet de remarques ajoutées à sa lettre sur Omphale*, Rousseau ouvrira le feu contre Rameau, lui reprochant notamment ses « accompagnements travaillés », et portera aux nues la *Serva padrona* de Pergolèse, ouvrage

principal de la troupe de chanteurs d'outre-
monts (1).

Voilà le fait brutal dans lequel nous discer-
nerons les considérations personnelles jouant
en somme un rôle capital. C'est là le point de
départ de l'impopularité de Rameau.

Ensuite, une avalanche de libelles amène,
en 1753, la trop fameuse *Lettre sur la musique
française* de Rousseau. On sait que Lully, le
fondateur de l'opéra français, y est âprement
et ridiculement malmené, et qu'il y est proclamé que les Français n'auraient jamais de musique, ou que, s'ils en avaient une, « ce serait
tant pis pour eux ». Enfin, dans une phrase qui
depuis est élevée par certains à la hauteur d'un
Credo, est revendiqué, pour les philosophes
seuls, le droit de parler de la musique, ce droit
étant absolument dénié aux musiciens, lesquels
n'auraient simplement qu'à s'occuper de leur
métier (2).

Cette fois, Rameau prit fort mal la chose. Il
fit paraître, l'année suivante, en 1754, ses *Observations sur notre instinct pour la musique*,
dans lesquelles les allégations de Rousseau, à
l'encontre de Lully, étaient facilement et dédai-
gneusement réfutées.

---

(1) Rousseau, *Œuvres complètes* (éd. Furne, 1846), III, 572.

(2) « C'est aux poëtes à faire de la poésie et aux musiciens
à faire de la musique, mais il n'appartient qu'aux philosophes de bien parler de l'une et de l'autre ». (Ouv. cité, III,
624). La même idée se retrouve dans une lettre qu'il écrit au
Père Lesage le 1er juillet 1754. « Les musiciens ne sont point
faits pour raisonner sur leur art, c'est à eux de trouver les
choses, au philosophe de les expliquer. » (III, 582).

Il est vraisemblable que Rousseau dut être fort mécontent de la riposte, et qu'il colporta sur le compte de l'auteur d'*Hippolyte* des réflexions regrettables qui parvinrent aux oreilles de l'intéressé. Toujours est-il que Rameau, fort peu endurant, mit alors en une lumière un peu crue la fragilité des connaissances techniques de l'auteur du *Contrat social*, dans ses *Erreurs sur la musique dans l'Encyclopédie.*

C'est maintenant l'hostilité ouverte entre lui et les Encyclopédistes. On n'a qu'à lire la préface du 6ᵐᵉ volume de l'*Encyclopédie* pour voir combien le coup sembla particulièrement dur aux anciens alliés. A la vérité, ce coup avait été bien asséné.

La guerre des Bouffons se termina en apparence ; mais au fond, l'animosité entre les deux partis couvait toujours, n'attendant plus qu'une occasion propice pour éclater. Je rappelle ce qui s'ensuivit de cette querelle :

A première vue, il n'y eut ni vainqueurs, ni vaincus ; mais, en réalité, l'influence de la musique italienne sur la française devint tyrannique. Notre opéra-comique, cette bouture de l'école italienne, montra ses premières feuilles. Quant à notre opéra, il ne resta pas indemne. Son propre champion dans cette lutte, Mondonville, ainsi que ses successeurs, modifièrent peu à peu leur genre.

Rameau meurt en 1764. Par habitude, et aussi par respect pour sa mémoire, on joue encore ses œuvres, mais de moins en moins.

En somme, l'esthétique de ce représentant de la pure tradition française commence, sous l'action des Encyclopédistes, à perdre du terrain dans les esprits.

*
* *

Passons à la guerre des Gluckistes et des Piccinnistes, laquelle, on ne l'a point assez remarqué, ne sera que la suite naturelle de la précédente. Remémorons-nous sommairement les faits notables de cette lutte.

Gluck arrive à Paris, et son *Iphigénie en Aulide* est représentée en 1774. Extrêmement habile, il sait adroitement s'attirer l'appui précieux des Encyclopédistes. Au bout d'un certain temps, les défenseurs de l'école française vont chercher, pour le lui opposer, un compositeur italien, Piccinni, qui travaillera sur des livrets écrits dans notre langue. Qu'est donc la physionomie artistique de chacun des adversaires, et par quelles caractéristiques se distingue-t-elle?

Gluck était né en Allemagne, mais son éducation musicale s'était faite en Italie. Il avait composé tout d'abord selon les modèles de ce dernier pays. Par la suite, comme il lisait beaucoup, les écrits des Encyclopédistes, répandus par toute l'Europe, lui tombèrent entre les mains. Il se rangea parmi les adeptes de leurs doctrines esthétiques. De plus, ainsi que l'a démontré M. Charles Malherbe (1), certaines

(1) *Revue Musicale* de 1902, 110.

des idées alors en cours, notamment celles du comte Algarotti, furent remarquées par lui, et reproduites fidèlement dans la fameuse préface de son *Alceste*.

Son génie, servi par plus d'expérience que de science, arriva ainsi, par une série de tâtonnements, à écrire des opéras composites, surtout italiens par le caractère mélodique et la tournure générale, mais également un peu français par la précision de certains détails. Le tout fut cimenté par la lourdeur allemande.

Bref, ne craignons pas d'affirmer que Gluck était l'aboutissement de la pensée des Encyclopédistes, et cela fera mieux comprendre que le personnel du célèbre dictionnaire l'ait défendu avec tout l'acharnement dont il était capable.

Quant à celui que l'on chargera d'écrire de la musique française, ce sera un représentant de la même école d'outre-monts. Mais Piccinni, intelligence très ouverte, comprendra que ce groupement artistique ne peut rester indéfiniment dans l'état lamentable où il se trouve, et doué comme il l'était de remarquables facultés d'assimilation, on le verra se rallier, mais sans en avoir l'air, aux procédés de Gluck, et copier son art, en y mettant plus d'élégance, mais moins de force.

En d'autres termes, — ce que les contemporains n'ont pas discerné, et nous pas beaucoup plus, — la querelle des Gluckistes et des Piccinnistes, si l'on considère les pièces du litige plus que les arguments qui les accompagnaient, ne fut, à la vérité, qu'une dispute au sujet de deux membres de la famille musicale italienne. La différence entre les deux champions resta celle qui subsiste toujours entre l'homme de génie et l'homme de simple talent.

Le résultat de cette querelle, on le connaît : la victoire resta, sans la moindre contestation, du côté de Gluck.

*
* *

Examinons maintenant de près, et comparons entre elles les théories en présence. Dans un but de simplification, groupons ce que, de part et d'autre, on réclamait, on répudiait, étant sous-entendu toutefois que, des deux côtés, des dissidents n'approuvaient pas complètement l'ensemble du programme soutenu par la collectivité.

Dans le camp des Encyclopédistes, où, en plus des quatre écrivains déjà nommés, se coudoyaient l'abbé Arnaud, d'Holbach et Suard, le principe fondamental était celui de Rousseau : « Retournons à la nature. » Par là, on entendait qu'il fallait, en musique, devenir naturel, ne pas rester solennel. On y voulait aussi des mouvements rythmiques assez vifs, une réforme des poèmes d'opéras, une amélioration des exécutions ainsi que du jeu des chanteurs. En outre, le récitatif aurait dû être adopté pour les passages tranquilles, et les airs pour les moments de passion. Enfin, on écartait impitoyablement les danses qui ne faisaient pas partie de l'action, les accompagnements polyphoniques, les répétitions de mots et de périodes musicales.

Dans le camp français, où se trouvaient Rameau, Fréron, Cazotte, l'abbé Laugier, La Harpe, Marmontel, l'abbé de Voisenon, Ginguené, l'abbé Raynal et Jourdan, le principe fondamental était également l'imitation de la nature. Le vrai devait être « embelli » par les secours de l'art (1). La justesse, la vérité d'expression, la mesure, la sagesse, la raison et la grâce régnaient en maîtresses souveraines. Au nom du bon goût, d'une part, il ne fallait donc pas enlaidir la nature, et, de l'autre, on ne voulait pas davantage de réalisme.

Enfin, avec certain dédain on reprochait aux adversaires : grimaces, excès, folies et transports convulsifs, le manque de mélodie, des points d'orgues éternels, des cascades de sons et des lambeaux de phrases sans développements.

Ces théories, où se heurtent pêle-mêle le bon et le mauvais, nous allons les retrouver dans l'appréciation de l'influence des Encyclopédistes.

Si nous embrassons d'un coup d'œil d'ensemble les deux dernières querelles musicales du XVIIIe siècle, nous constatons qu'en réalité

(1) Pour prendre un exemple, on prisait les arbres surtout quand ils étaient taillés.

elles ont été un procès Gluck-Rameau, dans lequel ce dernier a perdu sa cause. Depuis que l'auteur d'*Hippolyte* est mieux connu (1), son sort a été déploré, mais de façon incidente, par quelques-uns de ses admirateurs, M. Debussy entr'autres (2).

Il faut reconnaître que ce n'est le sentiment que d'une infime minorité, car presque tout le monde, au contraire, garde ses préférences à l'auteur d'*Alceste*. M. Romain Rolland (3) s'est fait récemment le brillant porte-parole de cette opinion générale, avec une conférence qui a eu un certain retentissement dans le monde musical (4).

Je me demande si le moment ne serait point venu de reviser ce procès Gluck-Rameau. Je vais tenter la chose, certain de ne froisser en aucune façon M. Rolland, sachant son respect pour les convictions d'autrui, et sa sympathie pour toute recherche de la vérité. Je prendrai ses arguments un à un, en essayant de leur répondre au fur et à mesure.

1° Les Encyclopédistes avaient le droit de parler de la musique, car ils la connaissaient. D'Alembert jouit de la réputation méritée d'un grand savant musical. Quant à Grimm,

(1) Grâce à l'édition complète de ses œuvres, actuellement en cours de publication.

(2) *Gil Blas* du 23 février 1903.

(3) Qui professe, à la Sorbonne, l'histoire de la musique.

(4) A l'Ecole des hautes-études sociales, le 22 janvier 1904. Cette conférence, remaniée, a paru dans la *Revue de Paris* du 15 juin 1904. Ces deux études serviront de base à la discussion qui va suivre.

Rousseau et Diderot, ils étaient musiciens, puisqu'ils écrivaient de petites mélodies, et que certains compositeurs sollicitaient leur avis.

Réponse. Oui ! d'Alembert jouit de la réputation d'un grand savant musical, mais cela ne saurait nullement impliquer qu'il la mérite (1). Pour bien élucider ce point, il faut procéder avec des éléments irréfutables, autrement dit juger l'arbre à ses fruits.

Dans ses travaux relatifs à la théorie de notre art, ce philosophe n'a été qu'un vulgarisateur des idées de Rameau, et n'a fait aucune découverte. Dans sa *Liberté de la musique*, qui date de 1760, les arguments qu'il donne se retrouvent, sans exception, antérieurement à cette année-là, chez Rousseau et Grimm. Parmi les quelques réflexions qui lui appartiennent en propre, j'en retiendrai deux, dont le simple exposé sera plus convaincant que de longues critiques.

Il pose notamment ce précepte : « La comédie est le spectacle de l'esprit, la tragédie celui de l'âme, l'opéra celui des sens » (2). Par ce passage, d'Alembert se montre, sans ambages, plus sensible à la littérature qu'à la musique. Ne voir dans l'opéra qu'un « spectacle des sens », mais pas du tout l'action qu'il exerce sur

(1) Ici, M. Rolland s'attache à certains témoignages d'admiration émanant de quelques musiciens de l'époque. J'avoue n'en tenir aucun compte, estimant que l'on ne doit pas s'arrêter à des déclarations dictées par la tactique des relations mondaines ou la faiblesse de l'indulgence. Nous savons qu'alors on n'articule presque jamais toute sa pensée.

(2) D'ALEMBERT, *Œuvres complètes* (Paris, 1821), I. 523.

l'esprit et le cœur, j'estime que cela n'est guère
d'un musicien.

Voici l'autre réflexion : il décide très gravement que Lully était « peu versé dans son
art » (1). Eh bien! devrait-il jouir de la réputation
d'un grand savant musical, celui qui a été incapable d'apprécier à sa juste valeur la remarquable technique de ce génie? Ses connaissances en la matière ne souffraient-elles pas de
lacunes inadmissibles ? (2).

Pour se renseigner sur la valeur professionnelle de Grimm, il n'y a qu'à lire sa critique
sur *Omphale*, à laquelle j'ai déjà fait allusion,
avec la partition de Destouches sous les yeux,
et on constatera qu'il ne discerne pas les
détails techniques les plus élémentaires (3).
Inutile d'insister davantage.

Pour Rousseau, la question a été étudiée par
M. Pougin (4) qui a démontré son ignorance et
l'intervention de mains étrangères dans ses
compositions. Du reste, dans la page la moins
mauvaise de sa critique, *Observations sur l'Alceste italien* (sic) *de Gluck*, on relève qu'il se
trouve gêné en présence « de partitions un peu

---

(1) Id., 532.

(2) Juger ainsi quelqu'un par deux extraits, semblera peut-
être un peu léger aux personnes graves. Je leur ferai remarquer que je ne m'arrête pas seulement à ces quelques lignes,
mais à l'ensemble de l'œuvre, et en particulier au tour d'esprit de celui qui l'a écrite, et qu'ensuite, dans cet ensemble,
je choisis ce qui m'a paru caractéristique. Quand je conti-
nuerai de procéder de la sorte, on ne saurait donc me
reprocher d'être superficiel ou partial.

(3) Voir ce qu'il dit de la basse continue de l'ouvrage, p. 8.

(4) *J.-J. Rousseau musicien* (Paris, Fischbacher, 1900).

chargées » (1). Cet aveu est bon à retenir, et explique certains dires singuliers que l'on a maintes fois signalés chez son auteur.

Quant au mérite qu'on lui attribue d'avoir introduit à l'Opéra un genre moins solennel avec son *Devin du village*, je le trouve inexistant. Que l'on se reporte, en effet, à *Daphnis et Chloé*, pastorale écrite par Boismortier au courant de la plume (2), comme tout ce qu'il faisait, et l'on y verra que la ligne mélodique de l'œuvre de Rousseau est un pastiche maladroitement et systématiquement prolongé de ce qui s'était déjà fait de façon accidentelle.

Rousseau offre un seul titre à notre reconnaissance, je l'ai déjà dit : il a été le critique perspicace qui, le premier, a su reconnaître qu'inconsciemment on confiait parfois aux instruments une mission psychologique, et que l'orchestre, à l'exclusion des voix, pouvait très bien exprimer des sentiments intimes (3).

Reste Diderot, que l'on trouve également très incomplet comme musicien.

D'un côté, il écrit cette phrase qui a l'inconvénient d'offrir un sens un peu trop élastique : « J'ai étudié la composition sous le grand Rameau » (4); mais, d'un autre côté, il fait cette déclaration qui, elle, est catégorique : « J'en-

(1) III, 564.

(2) Jouée à l'Opéra en septembre 1747, et reprise en mai 1752, alors que précisément le *Devin* sera donné à Fontainebleau au mois d'octobre suivant.

(3) HELLOUIN, *Feuillets d'Histoire musicale française* (Paris, Joanin, 1903), 9.

(4) XII, 525.

tends fort peu la pratique de l'harmonie » (1).
Aveu également précieux à retenir chez l'auteur des *Leçons de clavecin*, ouvrage dans lequel,
quoique certains aient prétendu, a été simplement mis en style élégant le travail technique
d'un professionnel qui ne savait pas tenir la
plume (2). N'importe quel autre écrivain en
aurait fait autant à sa place (3), et véritablement, cela ne créait aucun droit à un brevet de
capacité musicale que l'on voudrait maintenant décerner.

Terminons par le raisonnement qui consiste
à considérer comme musiciens et l'auteur de
petites mélodies, et celui dont on sollicite l'avis
en matière de composition.

Tout cela ne semble-t-il pas fragile ? — Le
premier venu est capable d'enchaîner une suite
de sons ayant un sens ; mais il faut que cette
phrase musicale jouisse de quelque valeur.
Tout est là.

Enfin, il n'est pas démontré que les compositeurs se trouvent toujours bien des conseils
qu'ils réclament ainsi au hasard. Et je me demande si, sous prétexte que la servante de Molière était quelquefois prise comme juge de
l'effet produit par une comédie, on peut l'élever
à la dignité de femme de lettres.

En résumé, les Encyclopédistes étaient igno-

(1) XII, 175.
(2) Un nommé Bemetzrieder.
(3) Je pourrais citer des faits analogues s'étant passés de
nos jours.

rants de la science musicale, n'en savaient même pas les grands résultats, en un mot n'en avaient pas l'esprit. Deux faits le prouvent d'une façon criante : à la robuste écriture de Rameau, ils ont préféré les misérables accompagnements italiens, et n'ont même pas vu que la technique de Piccinni ne différait pour ainsi pas de celle de Gluck. Rien que cela devrait cependant suffire à les coter.

J'ajouterai que lorsque, par aventure, l'un d'eux juge sainement, je suis persuadé qu'alors, presque toujours, il y avait derrière lui un musicien. La chose est vraisemblable avec Grimm, dans deux circonstances. Une fois qu'il s'agissait de réfuter un reproche technique adressé à Gluck, il reconnaissait plaisamment ne pouvoir le faire (1). Et dans un autre cas à peu près analogue, il s'exécute, mais alors avec circonspection et une suite ininterrompue de répétitions du mot « on » (2), particularité qui prend, en l'occurrence, une signification spéciale (3).

2° Rameau ne répondait plus à l'esprit de la seconde moitié du XVIII° siècle.

Réponse. Assurément, et il n'existe là rien de

(1) *Corresp. litt.*, XI, 236.

(2) *Id.*, XI, 261.

(3) Je recommande spécialement ces deux passages qui, en les regardant de près, renferment bien toute la portée que je signale.

Ce qu'il importe de noter, **par** surcroît, c'est l'absolue mauvaise foi de ces Encyclopédistes dans leurs polémiques musicales. J'ai déjà dit comment ils dénaturaient les faits, entrant dans des détails qu'ils savaient faux, par exemple la présence comminatoire de la force armée à la première de *Titon*, ou le renvoi des Bouffons (*Feuillets*, 138.)

bien extraordinaire. Au contraire, si cette époque était restée dans l'état de celle qui l'avait précédée, il faudrait la plaindre, car elle eût été fermée au progrès.

3° Rameau a toujours composé de la même façon, n'a jamais évolué.

Réponse. L'affirmation ne paraît pas tout à fait exacte en ce qui concerne son écriture instrumentale. Ce que l'on devrait plutôt déclarer, c'est que, pour ainsi dire sans tâtonner, il a découvert la forme vers laquelle aspirait son désir de progrès. Une accusation de faiblesse ou d'inertie me semble donc absolument injuste.

4° Rameau a eu le tort de ne pas faire de la musique populaire.

Réponse. C'était absolument son droit. Un artiste n'a-t-il pas la liberté de choisir le genre qu'il préfère? Bach, aux antipodes de la musique populaire, trône dans un domaine dont le niveau est bien trop élevé pour que jamais la foule y atteigne; mais cela doit-il le diminuer à nos yeux?

5° On ne pourrait plus jouer un seul opéra de Rameau avec succès.

Réponse. Les auditions données par la *Schola*, et les applaudissements enthousiastes qu'elles ont suscités, contredisent absolument cette affirmation. L'auteur d'*Hippolyte* est affligé de quelques rides, assurément; mais Gluck lui-même en est-il exempt?

6° Rameau n'avait pas cette puissance de volonté qui domine une époque. Aussi n'a-t-il pas fait école.

Réponse. Voilà qui est confondre la cause et l'effet. Rameau, pendant quelque temps, a vraisemblablement exercé une certaine influence en Europe (1). S'il n'a pu faire école, les Encyclopédistes en sont cause. Sa volonté, très réelle par ce que nous connaissons de son caractère et découvrons dans ses œuvres, ne saurait donc intervenir en l'espèce. On la trouverait même sympathique.

7° La France musicale est redevable à Gluck de l'acquisition de plusieurs points. Il a modifié l'exécution des instrumentistes, et introduit plus de mouvement et de vérité dans la mise en scène.

Réponse. Pardon! Rendons à César ce qui est à César. En ce qui touche l'exécution des instrumentistes, Gluck continue simplement, à partir de 1774, ce que Gossec venait de commencer, au concert des Amateurs, en 1769, et au concert Spirituel, en 1773 (1).

Quant à la transformation de la mise en scène, l'initiative de la réforme est prise par le chan-

(1) Remarquons qu'il s'agit moins de la question de savoir si ses œuvres ont été fréquemment exécutées hors de France, que de l'empreinte qu'il a laissée sur les pages de certains compositeurs d'Allemagne et d'Italie. En l'état actuel de la science historique musicale, il est impossible de se prononcer sur ce point avec certitude.

(1) HELLOUIN, *Gossec et la musique française à la fin du* XVIIIe *siècle* (Paris, Joanin, 1903), 19 et 21.

sonnier-librettiste Laujon. En 1766, — huit ans avant l'arrivée de Gluck en France, par conséquent, — Laujon réclame et obtient de notables améliorations de ce côté : suppression du masque chez les danseurs, costume approprié à chacun des personnages, intervention logique de la danse et des chœurs dans l'action (1).

8° Gluck est l'homme du chant simple et naturel opposé à l'air pédantesque et savant.

Réponse. Ne soyons pas dupes de la simplicité de Gluck, car celui-ci, en sa qualité d'ouvrier peu adroit, réalisait non ce qu'il voulait, mais ce qu'il pouvait. Ses compositions n'avaient pas une allure savante, parce qu'il était absolument incapable de la leur donner. Ce reproche de pédantisme n'atteint pas l'auteur d'*Hippolyte*, car sa préoccupation tendait constamment vers le naturel, tel qu'il le concevait (2).

9° Rameau est français, et Gluck international, supérieur, par conséquent.

Réponse. Par suite des conditions nouvelles de notre existence contemporaine, tous les peuples vivent littéralement les uns chez les autres. Obéissant à cette impulsion, certains esprits tendent vers un art international. Cet art jouirait, évidemment, d'un caractère général

(1) LAUJON, *Œuvres choisies* (Paris, 1811), I, 176.
(2) Dans sa préface des *Indes galantes*, il déclare prendre « la belle et simple nature pour modèle ». (Éd. Durand, préf., p. 85.)

autre que celui de chacune de nos écoles actuelles; mais cela ne veut nullement dire qu'il
serait supérieur. Au contraire, je l'estimerais
inférieur, parce que moins pittoresque, moins
savoureux.

10° Rameau s'est préoccupé de l'expression
des émotions; mais cela ne suffit pas. Il faut
encore la progression des sentiments, ce qui
existe chez Gluck. Le premier avait fait de
l'opéra de concert, le second de l'opéra dramatique. L'auteur d'*Alceste* avait donc le sentiment littéraire très développé, et Rameau
était mal partagé à cet égard.

Réponse. Au fond, il ne s'agit ici que de
l'évolution des livrets. Rameau s'est contenté
de ceux qu'il avait sous la main, lesquels
n'étaient pas tout-à-fait négligeables. A vrai
dire, n'est-il pas très légitime de n'envisager un
scenario que comme un cadre? Alors ne lui
accorder qu'une importance secondaire, et
concentrer toute sa sollicitude sur la musique,
considérée comme le principal des éléments
en présence, ne devient-il pas naturel?

De façon inverse, les préférences de Gluck,
au théâtre lyrique, se sont portées vers la littérature, et le monde sonore n'est intervenu que
pour la renforcer de ses accents. Il n'en résulte
pas que Rameau n'avait point le sentiment littéraire. Pour s'en convaincre, il suffit d'examiner son œuvre avec attention, et notamment
de lire ce passage, qu'il a écrit dès 1722 :

Au reste, un bon musicien doit se livrer à tous les caractères qu'il veut dépeindre ; et, comme un habile comédien, se mettre à la place de celuy qui parle ; se croire être dans les lieux où se passent les différents événements qu'il veut représenter, et y prendre la même part que ceux qui y sont les plus intéressez ; être bon déclamateur, au moins en soy-même ; sentir quand la voix doit s'élever ou s'abaisser plus ou moins, pour y conformer sa Mélodie, son Harmonie, sa modulation et son mouvement (1).

11° Enfin, Gluck, ainsi qu'il l'a déclaré lui-même, ne doit rien à Rameau. Il lui est, d'ailleurs, supérieur en mérite. Tout compte fait, le premier demeure plus grand que le second, et, par conséquent, l'action des Encyclopédistes est intervenue opportune et utile.

Réponse. Ecartons d'abord le dire de Gluck. Bien rares sont les artistes qui reconnaissent, sans détours, ceux de leurs contemporains auprès desquels ils se sont formés. Ce sentiment va même quelquefois jusqu'au désir de voir disparaître de la notoriété le nom de celui dont on reste le débiteur intellectuel. Egorger qui l'on redoute, n'est-ce pas une mesure d'élémentaire protection ?

Pour la question de savoir lequel des deux l'emporte, Rameau ou Gluck, pour bien apercevoir comment se distribuent leurs défauts et leurs qualités, commençons par nous pencher un instant sur le génie qui les a précédés à la scène française, sur Lully (2).

(1) *Traité de l'Harmonie*, 143.
(2) Il va sans dire que nous placerons chacune de ces trois personnalités artistiques dans le milieu qui l'a produite,

Lully a été un musicien à tendance expressive; mais cette tendance a été contrariée, dans sa libre expansion, par deux faits qui, en outre. ont provoqué de la monotonie. Le premier fait a résidé dans l'état rudimentaire de la musique de son temps, surtout au point de vue de l'harmonie et de l'emploi des instruments à vent. A l'origine de tous les arts, l'artiste éprouve une certaine gêne à s'exprimer. Par exemple, dans les peintures et sculptures primitives, les membres sont pour ainsi dir collés au corps, les gestes guindés, parce que l'on redoute le mouvement, de peur qu'il ne soit pas eurythmique.

Le second fait a consisté dans la préoccupation, à lui imposée par les idées en vogue, de s'efforcer de rester surtout décoratif. Il en est résulté que Lully a vu dans l'opéra un spectacle de cour.

Rameau arrive, pousse plus loin la nuance, l'expression, et crée le lyrisme musical. A cette besogne vivificatrice sont employés l'abondance mélodique, la grâce, la souplesse, la verve, des rythmes variés, une harmonie remarquable par la hardiesse de ses dissonances et de ses modulations, une instrumentation piquante, des figures d'accompagnement d'un dessin constant, la nouveauté dans le style général.

et que, par conséquent, nous la jugerons par rapport à ce milieu. L'équité même commande cette attitude, autrement il faudrait, dans tout classement, accorder plus de valeur à celui qui, venant en dernier lieu, a su profiter de ce qui avait été réalisé avant lui.

Malheureusement, cet ensemble de qualités
est atténué par un défaut : l'adhésion trop entière au préjugé du grandiose et du solennel,
provoquant parfois des combinaisons musicales en rapport insuffisant avec la situation du
drame. La sensibilité s'obstine à demeurer de
bonne compagnie. En équité, il faut reconnaitre que le reproche doit être adressé plus à
l'époque qu'à l'homme.

Tout bien considéré, on peut dire que Rameau fait alors de l'opéra un spectacle de noble très féru de musique.

Gluck introduira le naturel, se pliera davantage aux indications du livret. Son orchestre,
grâce à la remarque de Rousseau, jouera un
rôle psychologique par suite moins effacé que
celui qu'il tenait auparavant.

Par contre, comme le sentiment littéraire a
primé le sentiment musical, toutes ces qualités
seront amoindries par des détails regrettables :
mélodie maigre et rare, harmonie pénible et
indigente, style général boiteux et chance-
lant (1).

Bref, l'intérêt musical sera diminué. Cet
opéra sera un spectacle de bourgeois lettré se
piquant de musique.

(1) Autre point très important, mais que seules peuvent
relever les oreilles exercées : la gêne qui empêche Gluck de
s'exprimer avec facilité, et le malaise qui en résulte pour
l'auditeur. Prenons, par exemple, l'*Alceste*, son chef-d'œuvre.
La beauté parfaite, c'est-à-dire les passages dans lesquels le
fond emporte la forme, ne s'y rencontre que dans une frac-
tion minime, le quart environ.

* *

L'arrêt qui sortira de cette revision du procès Gluck-Rameau me parait devoir casser le jugement admis et respecté jusqu'ici. En maintenant ce jugement, on ne tiendrait pas compte des réalités de l'histoire et des œuvres ; on continuerait de ne pas reconnaitre pourquoi Rameau est grand, et comment Gluck n'a point dépassé sa taille. Ce serait prolonger, en faveur de ce dernier, l'illusion et l'entrainement d'admiration (1).

Rameau et Gluck sont des génies d'ordre différent. Le premier s'adresse aux musiciens, le second à ceux des littérateurs qui daignent ne pas mépriser la musique. L'auteur d'*Hippolyte* ayant l'expression, la grâce et la science ; celui d'*Alceste* peut-être plus d'expression, mais moins de grâce et pas de science, on peut dire que, chez les musiciens, le premier satisfait le cœur, l'esprit et l'oreille tandis que le second ne satisfait que le cœur, mais non l'esprit et l'oreille. J'ajoute que quand il s'agira d'analyse, celui-ci redoutera toujours cette épreuve décisive, alors que celui-là en sortira grandi. Dans ces conditions, Rameau n'est-il pas au moins l'égal de Gluck ?

Jugeons maintenant ces Encyclopédistes, à notre point de vue musical.

C'étaient des hommes qui, envisagés d'une

(1) Je ne connais pas un autre artiste pour le compte duquel la suggestion ait agi d'une manière aussi prolongée.

manière générale, offraient cette qualité maîtresse de nourrir une foi profonde en la perfectibilité. Par là, ils restent sympathiques. Mais exerçant une véritable dictature sur l'opinion, ils voulurent malheureusement diriger aussi les musiciens, étendre de ce côté leur pouvoir. Par suite de leur compétence musicale très discutable, leur action y fut néfaste.

En érigeant Gluck en triomphateur, ils ont contribué à une certaine amélioration du théâtre lyrique, assurément. Par contre, en voulant cesser de comprendre Rameau, et en faisant de lui une victime, ils ont jeté l'école musicale française hors de la voie que la tradition avait tracée. Remarquons-le bien : ils n'ont pas désiré sa réorganisation, mais sa destruction et son remplacement par une autre (1). Pour cela seul, les musiciens français doivent leur garder rancune. S'ils nous ont poussés vers le progrès, ils nous ont en même temps aiguillés vers une manière étrangère.

Quant aux résultats ultérieurs, les voici, au double point de vue général et national, en in-

____

(1) Tous l'ont laissé plus ou moins entendre, et d'Alembert l'a dit ouvertement : « Mais ne serait-il pas possible, en conservant le genre de notre opéra tel qu'il est, d'y faire par rapport à la musique des changements qui le rendraient bientôt supérieur à l'opéra italien ? Nous deviendrions alors les législateurs de l'Europe pour le théâtre lyrique, comme nous l'avons été pour le dramatique ; et cette gloire serait assez flatteuse pour notre vanité. Or, il paraît que le seul moyen d'y parvenir est de substituer, s'il est possible, la musique italienne à la française ». (*De la liberté de la musique*, I, 126

diquant la dominante, la tendance principale :

Au point de vue général, la musique polyphonique, un moment supprimée par la révolution de la basse continue, s'était peu à peu reconstituée sur de nouvelles bases. Surtout Bach et Hændel s'étaient chargés de ce soin, en Allemagne. Chez nous, Rameau avait opéré la même œuvre, mais d'une manière différente, avec moins de profondeur et plus de grâce, — la grâce plus belle que la beauté, au dire de Lafontaine.

Les Encyclopédistes, avec leur campagne en faveur de la musique italienne, — alors très inférieure puisqu'elle avait perdu ses belles traditions du xvii⁰ siècle, — ont créé partout un état d'esprit spécial. Ils ont rendu insensible à l'attrait qui se dégage d'une riche architecture sonore, soufflé sur toute l'Europe une atmosphère factice, dans laquelle les chanteurs italiens ont pu aisément pulluler.

Aussi, pendant près d'un siècle, la vulgarisation des radieux génies de Bach et de Hændel fut-elle entravée. Haydn fusionna une polyphonie débonnaire et le style italien. Mozart procéda plutôt par alternance : il fouilla quelquefois son écriture, mais jamais pendant plus de quelques secondes, de crainte de fatiguer son auditoire, pour reprendre aussitôt après ce même style italien, parfois le style allemand. Beethoven, lui, renoua la tradition allemande. A la longue, au milieu du xix⁰ siècle, quand toute l'Europe l'aura bien compris, on remontera jusqu'à ses ancêtres artistiques, Bach et Haendel.

La France, elle, fut moins bien partagée que l'Allemagne. Notre école perdit le secret de la richesse du style. L'opéra-comique devint un despote, et, musicalement parlant, notre opéra ne fut qu'un opéra-comique sérieux. On ne discerna pas que ce genre, soi-disant éminemment français, était, au contraire, éminemment italien, et qu'il ne se distinguait de ce dernier, son père, que par l'addition de deux caractéristiques : la finesse et le désir de plaire. L'ensemble des musiciens français constitua bien alors une école ; mais à vrai dire, celle-ci ne fut pas notre école (1).

Et qu'aurait fait le génie musical français s'il n'avait pas été gêné par une imitation aussi étroite ?

Il eût pu se déployer en toute liberté, porter ses fruits naturels. Il fût resté tout à fait original, au lieu de le devenir au second degré, timidement et seulement dans la limite qu'autorisait la méthode alors suivie. Non, jamais, dans des conditions normales, le génie musical français n'eût été ainsi déformé, rétréci.

La voilà l'action de ces Encyclopédistes qui eurent l'audace de s'improviser critiques musicaux. Cette action, au point de vue technique pur, ne fut qu'une réaction dont l'effet se pro-

(1) A l'italianisme a immédiatement succédé le wagnérisme, dont nous commençons seulement à nous dégager.

longea, malheureusement. A l'évolution musicale rationnelle de toute l'Europe, fut opposée une résistance, infligé un retard cruel.

*
* *

Nous venons d'envisager, dans ses effets, la critique musicale des brochures lancées dans le public, et celle des lettres adressées aux journaux, ou, pour employer le langage du XVIII⁰ siècle, « aux auteurs » des journaux. Il ne sera pas sans intérêt de s'arrêter un moment devant son essence et sa forme extérieure.

Ces fastidieuses polémiques ont une valeur presque nulle. Leur fond est composé d'une série de vagues lieux-communs sur l'art, son utilité, son but, sur la science et l'inspiration, la poésie et la musique, l'harmonie et la mélodie, l'opéra et la symphonie. Dans ce fond, une déclaration plus ou moins concise jugeant bonne la musique que l'on défend, mauvaise celle que l'on attaque.

La manière de procéder s'explique parce que tous ces écrivains ne savent pas grand'chose. La camaraderie et le ressentiment sont les deux seuls mobiles qui font agir. Des traces de méthode ou de conviction, je ne réussirais pas à en montrer.

Le tout est plaisant, rarement sérieux. Dans deux petits détails, l'esprit et la bonne humeur, notre caractère national se retrouve. Comme spécimen du genre plaisant, je citerai ce fragment de la *Lettre d'un symphoniste de l'Acadé-*

mie royale de musique à ses camarades de l'orchestre de Rousseau, en 1754 (1) :

Enfin, mes chers camarades, nous triomphons ; les bouffons sont renvoyés ; nous allons briller de nouveau dans les symphonies de M. de Lully ; nous n'aurons plus si chaud à l'Opéra, ni tant de fatigue à l'orchestre. Convenez, messieurs, que c'étoit un métier pénible que celui de jouer cette chienne de musique, où la mesure alloit sans miséricorde et n'attendoit jamais que nous puissions la suivre. Pour moi, quand je me sentois observé par un de ces maudits habitans du coin de la Reine, et qu'un reste de mauvaise honte m'obligeoit de jouer à peu prés ce qui étoit sur ma partie, je me trouvois le plus embarrassé du monde : et au bout d'une ligne ou deux, ne sachant plus où j'en étois, je feignois de compter des pauses, où je me tirois d'affaire en sortant pour aller...

On recourt également au dialogue, et la *Soirée perdue à l'Opéra* de l'abbé Arnaud, morceau étincelant de verve, me paraît le chef-d'œuvre dans ce sens (2).

De tous les critiques du siècle, le meilleur me semble être Rameau. Ses *Observations sur notre instinct pour la musique* constituent, en somme, le premier ouvrage de valeur que nous rencontrions (3). L'on y trouve des analyses psychologiques et techniques, avec exemples, de certains passages de Lully. Le bon sens, la justesse et le soin y prédominent d'un bout à

(1) *Œuv. comp.*, III, 542.

(2) Voir abbé LEBLOND, *Mémoires pour servir à l'Histoire de la Révolution opérée dans la musique* (1781).

(3) Je rappelle que c'est une réponse à une lettre de Rousseau.

l'autre. Voici, pour en donner une idée, un petit extrait de ce livre :

Lorsqu'Armide dit : *Le vainqueur de Renaud...* et que par réflexion elle ajoute : *Si quelqu'un le peut être!* la musique semble lui faire prononcer cette réflexion avec une espèce d'humiliation, de mortification, comme si dans le moment la crainte de ne pouvoir triompher de ce héros lui venoit à l'esprit, conséquemment aux neuf premiers vers de son début...

En effet, une pareille conquête est une grande victoire pour une coquette ; de sorte qu'Armide peut fort bien se comprendre dans le nombre, en se disant en elle-même : *Puis-je me flatter, moi-même, d'en être le Vainqueur?* Tel est, sans doute, le sens qui a guidé Lulli ; car, si l'on vouloit qu'Armide n'eût prétendu qu'exalter simplement la gloire de son héros, sans se rappeler en même temps la crainte de n'en pouvoir triompher, Lulli n'auroit pas manqué de nous le faire sentir par un autre fonds d'harmonie (1).

Par malheur, ici comme dans ses ouvrages de théorie, Rameau reste diffus, peu clair. Bien que j'ignore comment il appréciait ceux qui n'étaient pas de son école, je le considère néanmoins comme le véritable ancêtre de la profession. Avec lui seulement commence une vraie critique. Voilà le fait certain.

De toutes les gloses non sommaires des dernières années du xviii" siècle, je n'en retiendrai plus que deux. D'abord une étude anonyme adressée au *Mercure* en 1778, à l'occasion d'une reprise de *Castor et Pollux* de Rameau (2). Son

(1) 55.
(2) Citée dans le *Castor et Pollux* de l'édition Durand, t. viii, commentaire de M. Malherbe, p. 102.

auteur est un disciple des philosophes, qui, on le constate, connaît la composition. De plus, il possède le sens critique, et observe les principes d'impartialité qu'il a exposés. La partition est consciencieusement examinée en détail, dans des commentaires judicieux dont j'extrais ce fragment :

Le premier chœur du quatrième acte est plutôt de la musique *bien faite* que de la musique *d'un grand effet*. L'artiste avoit à soutenir longtemps le même genre ; il a ménagé des gradations, et paroit avoir moins songé d'abord à produire la terreur, qu'à y disposer les esprits. Le dessin du chœur dont nous parlons est noble et fier ; et, ce qui est assez remarquable, il ressemble à un *grave* des concertos de Geminiani, que j'ai toujours entendu appeler *les portes de l'enfer*. J'ignore d'où lui vient cette dénomination. Le trio, *Rentrez, rentrez dans l'esclavage*, comme morceau de *Facture*, a joui d'une grande réputation ; ce trio réussit moins aujourd'hui, parce que l'on juge l'effet plus que le travail du compositeur, et plus que la combinaison des parties. Cette combinaison n'est rien dans le chœur *Brisons tous nos fers*, mais l'effet en est prodigieux. Ce morceau, nous prenons plaisir à le confesser, nous paroît sublime. La marche diatonique en montant, que l'artiste y a employée, de mesure en mesure, renforce l'effet : jamais nous n'avons entendu ce passage, sans éprouver ce frissonnement qui fait pointer les cheveux sur la tête. Sans doute les Euménides d'Eschile chantoient sur une musique semblable, quand le peuple d'Athènes crut voir les enfers s'ouvrir devant lui, quand l'effroi des femmes alla jusqu'aux douleurs de l'avortement. Après ce témoignage sincère de mon admiration pour le chant dont il s'agit, je demanderai aux artistes si Rameau n'eût pas mieux fait encore d'y mettre les instrumens à l'unisson des voix ? C'eût été en doubler, en tripler l'effet.

Cependant toutes les appréciations ne se présentent pas également heureuses, et certains passages de l'opéra sont victimes de l'état d'esprit encyclopédique (1). Néanmoins, tout compte fait, cette page est assez remarquable pour mériter l'attention.

Le dernier commentaire à citer nous est fourni par Grétry, dans ses *Mémoires* (2). Cet aimable compositeur s'y occupe très copieusement de ses productions, — ce qui lui a été reproché avec raison, — mais il parle aussi pourtant de certains de ses prédécesseurs et de quelques confrères. Il se livre à des appréciations et à des rapprochements extrêmement fins. Les points faibles de la musique italienne sont notamment signalés avec beaucoup de précision (3).

Nous avons laissé la critique des journaux depuis bien longtemps, depuis la fondation de la presse avec Renaudot. Reprenons-la.

Par la suite, dans les articles réservés aux théâtres musicaux, toujours quelques mots seulement — où il est généralement question de « simplicité », de « variété », de « majesté noble » — seront consacrés à la musique. Seul

(1) Par exemple « Séjour de l'éternelle paix. »
(2) 1797.
(3) I, 114. Le premier volume est le seul intéressant.

le livret aura le privilège de retenir la sollicitude. Pendant tout le cours du xviiie siècle, il en
sera de même. Dans le *Mercure* de 1737, la chose
est dite, d'ailleurs, sous forme d'une sorte de
profession de foi :

L'Académie Royale de Musique donna le 24 octobre
la première Représentation de la Tragédie de *Castor
et Pollux;* le concours des spectateurs fut des plus
complets, attendu la célébrité de l'Auteur de la Musique; les applaudissements que M. *Rameau* s'étoit
attirés dans ses deux premiers Opéra, donnoient une
grande idée du troisième; ce n'est pas à nous à juger
si cette idée a été remplie; le Public n'est point encore
d'accord sur ce point, et ce n'est que par lui que nous
devons nous déterminer : d'ailleurs nos Extraits n'ont
ordinairement que le Poëme pour objet. Ce sera donc
uniquement sur ce qu'on appelle les paroles que nous
nous arrêterons (1).

En effet, notamment dans le *Mercure*, les *Annonces, affiches et avis divers,* l'*Avant-Coureur,*
la *Gazette de France,* le *Journal encyclopédique,*
le *Journal étranger,* le *Journal de politique et
de littérature,* le *Journal de Paris,* qu'il s'agisse
de musique sacrée ou profane, l'admiration
se condense dans certains mots dont voici les
plus usuels : « noble et gracieux », « naturel »,
« absence de fard », « doux », « touchant ».
L'audace de même que l'insuccès est ainsi ac-
cueillie : « hazardé », « brillan », « qui surprend
l'esprit », « sçavant », « pas caractérisé », « qui
a plû aux connoisseurs », « mieux reçu des connoisseurs que de la multitude. »

(1) Déc. 2.657. — Cité par M. Malherbe, 48.

Bref, tout cela demeure très insignifiant. Seule la Révolution apportera une petite note nouvelle avec ses allusions politiques. Voici, par exemple, ce que l'on écrit sur le *Siège de Thionville* de Jadin, donné à l'Opéra en 1793 :

Le Musicien, de son côté, a quelque reproche à se faire; ses morceaux sont beaux en général et bien composés; mais il n'a pas assez senti qu'il est une mesure à garder, et qu'en ne l'observant pas, la beauté d'un morceau détruit l'effet d'un autre. Malgré ces inconvéniens, qui a (*sic*) lieu surtout dans les chœurs, deux d'entr'eux ont eu le plus grand succès, mais singulièrement celui où le Peuple et l'Armée expriment ce qu'ils sentent au moment où ils apprennent que le gouvernement de la France est décrété Républicain. L'enthousiasme donné par le Musicien à ses Acteurs, passe tout entier dans l'âme des Spectateurs (1).

Comme on le voit, identique reste le fond, toujours aussi neutre. Et il ne pouvait en être autrement. Dans les journaux, il n'y avait pas alors de critique musical; un même rédacteur était chargé de tous les spectacles, indistinctement.

* *

Mais s'il en était ainsi de la presse au xviiⁱᵉ siècle, que se passait-il donc dans celle qui s'adonnait spécialement à notre art, dans la presse musicale?

Alors qu'en Allemagne, le premier journal de musique, la *Critica musica*, était publié en 1722,

(1) *Journal de Paris* du 16 juin 1793.

à Hambourg, chez nous, le même fait ne se produisit que beaucoup plus tard. En 1756, pendant les discussions de la guerre des Bouffons, un professeur de musique, nommé Morambert, pensant que l'heure était propice à la réussite d'un journal de musique, lança le *Sentiment d'un harmoniphile sur différents ouvrages de musique* (1). Il en rédigea vraisemblablement la presque totalité. Malheureusement celui que l'on peut appeler le père du journalisme musical français s'était trompé dans son espoir, car la tentative disparut après deux numéros. On y trouve des dissertations sur divers sujets, notamment sur des ouvrages didactiques; et bien que la critique en soit toujours rudimentaire, l'ensemble constitue néanmoins un progrès sensible par rapport à ce qui se faisait alors. On sent ici la main d'un musicien professionnel.

Quatorze ans plus tard, en 1770, l'essai fut renouvelé, et alors commença l'existence intermittente du *Journal de Musique historique, théorique et pratique, sur la musique ancienne et moderne, les Musiciens et les Instruments de tous les temps et de tous les Peuples.* Quelques numéros seulement parurent à l'origine, puis en 1774 et en 1777 (2). S'y rencontrent principalement le littérateur musicien Framery, qui plaça la feuille sous le patronage de la dauphine Marie-Antoinette, et Mathon de la Cour, un

(1) Sur ce sujet j'ai fait paraître un article dans le *Courrier musical* du 15 avril 1904.

(2) THOINAN, *Esquisse historique sur la presse musicale en France*, dans la *Chronique musicale* de 1873, I, 13.

écrivain médiocre. Tout cela, mal rédigé, n'était qu'une collection d'anecdotes, de réflexions et d'annonces insérées au hasard, et l'on n'arrive pas à y discerner la moindre ligne de direction. Le niveau critique s'y maintient celui de cette moyenne que nous avons vue.

Ces insuccès répétés découragèrent toute autre initiative. Aussi faut-il aller jusqu'en 1802 pour retrouver une entreprise similaire (1). Le musicien amateur Cocatrix, « employé dans les bureaux de la marine », groupe alors certains collaborateurs, et, au cours de la deuxième année de sa *Correspondance des amateurs musiciens*, arrive à offrir quelques sujets variés. Cette fois, le succès couronne l'effort; mais sa conséquence est, en 1804, l'apparition d'une concurrence, le *Journal de musique et des théâtres de tous les pays*, qui, l'année suivante, parvient à terrasser son rival. Ce *Journal de musique* ne devait pas profiter de sa victoire, car il est entraîné dans la chute qu'il avait provoquée. Il est d'ailleurs rempli d'insipides discussions métaphysiques et de puérilités. Les lettres d'abonnés y trouvent aussi une hospitalité regrettable.

En 1810, un professeur de chant, nommé Garaudé, fonde une nouvelle feuille, et, s'inspirant consciencieusement, pour son titre, du

(1) J'ai passé sous silence quelques almanachs musicaux et almanachs de spectacles, où fut parcimonieusement calculée la place octroyée à notre sujet. Ceux que cette question intéresse trouveront des indications utiles dans une étude de M. Brenet, parue dans la *Tribune de Saint-Gervais*, année 1902, 273, et année 1903, 71.

goût de l'époque, il l'appelle les *Tablettes de Polymnie*. Mais l'esprit de coterie s'y étale à tel point qu'il amène une protestation de Gossec, et que, l'année suivante, la publication doit cesser.

La littérature musicale ne réussissait donc pas à la fin du XVIIIᵉ siècle, et pas plus au commencement du XIXᵉ. Telle est la constatation qu'il faut se résigner à faire. A cela il y avait une double cause : l'indifférence du public et des professionnels de la musique pour toutes les questions se rattachant à celle-ci, et la médiocrité des écrits d'alors. Un seul nom de musicographe doit être sauvé de l'oubli absolu, celui de Framery (1). Ses petites connaissances musicales lui ont permis d'établir quelques travaux qui, en somme, seraient à peu près suffisants si la forme y présentait un peu plus d'attraits (1).

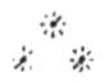

Aux côtés de la presse musicale, nous venons de franchir le seuil du XIXᵉ siècle. N'allons pas plus loin, et considérons le spectacle qu'offrent les journaux.

Nous assistons à une lente transformation de notre critique. Cette dernière, au contact de la critique dramatique, entre en période de croissance, ce qui ne veut nullement dire qu'elle acquiert des forces. Dans son essence, elle demeure immuable.

(1) Voir J. Carlez, *Framery* (Caen, 1893).
(1) Par exemple sa *Notice sur J. Haydn*, en 1810.

J'y soulignerai un petit détail qui n'est pas
particulier à elle seule, mais se rapporte à toute
la presse. Il s'agit de la signature des articles.
L'innovation a eu lieu pendant le premier quart
du XIXe siècle. On a d'abord simplement mis ses
initiales, puis son nom. Cet usage est très logique, car on aime bien savoir en présence de
qui l'on se trouve, et il s'est maintenu jusqu'à
nos jours (1).

A l'origine du XIXe siècle, deux critiques dra-
matiques jouissent d'une grande notoriété :
Suard au *Moniteur universel*, et Geoffroy au
Journal des Débats. Au point de vue spécial qui
nous occupe, ils continuent pieusement la tradition, s'étendent d'une manière fastidieuse sur
le livret, en faisant à la musique l'aumône de
quelques mots.

Quand il s'agit d'un concert, alors une gêne
mal dissimulée. Ce sont des digressions sur les
exécutants, la politique, les divers genres de
musique. Voici comment Suard se tire d'affaire
au sujet de la *Deuxième symphonie* de Méhul,
exécutée en 1809 aux exercices des élèves du
Conservatoire :

Cette nouvelle symphonie a été encore plus ap-
plaudie que la première; elle a paru plus que celle-ci
empreinte du cachet particulier du maître, et réunir
les plus grands effets d'harmonie à des motifs d'originalité. Le premier morceau offre peut-être un peu
de recherche dans l'emploi ou plutôt le contraste des

(1) Je ne connais qu'un seul organe, *l'Éclair*, qui ne s'y soit
pas toujours conformé.

instruments. L'*andante* présente un motif agréable, mais peut-être trop peu neuf, reproduit sous mille formes avec une rare habileté. C'est le secret d'Haydn ; mais quand ce maître l'emploie, le motif auquel il s'est arrêté est ordinairement d'une fraicheur exquise, et de la plus aimable mélodie : c'est ici une condition nécessaire. Le *presto* de la symphonie est ingénieux et brillant ; mais le morceau qui a paru réunir le plus de suffrages est, sans contredit, le *minuetto* ; il n'est pas un amateur qui ne sache combien ce genre est difficile, combien il exige de verve, d'inspiration et d'originalité, et combien il y a de mérite à y réussir après ceux de Haydn qu'on ne peut se lasser d'entendre et de répéter (1).

Ainsi l'on parle davantage qu'autrefois, mais sans dire beaucoup plus. L'appréciation du même, sur Beethoven, est à retenir également :

Depuis qu'Haydn s'est emparé des orchestres de l'Europe comme de son incontestable domaine, peu de compositeurs se sont essayés dans le genre de la symphonie, où il paraît avoir atteint le dernier degré de perfection : Mozart a marché sur ses traces, mais selon beaucoup d'hommes éclairés, à un long intervalle. On cite Béthowen comme ayant dépassé le but qu'il voulait atteindre, et laissant égarer son génie dans les inextricables combinaisons de la science : parmi les professeurs cependant, il en est un grand nombre qui le proclament comme le plus habile ; ils l'entendent, le saisissent, le comprennent bien ; c'est un compliment que je ferais volontiers à leur intelligence, s'il n'était une critique de l'obscurité de leur auteur : ils disent qu'Haydn aussi a passé pour obscur, pour inintelligible. Attendons du temps des lumières nouvelles ; et jusqu'à ce que nous les ayons acquises, contentons-nous d'Haydn et des maîtres

(1) *Moniteur* de 1809, 355.

assez habiles pour s'être nourris à son école ; et en quelque sorte approprié sa manière (1).

Au fond, ces littérateurs détestent la musique, et ils le laissent entrevoir à chaque instant. Ainsi Geoffroy — qui se distingue du précédent par une certaine perfidie, surtout à l'égard des interprètes — est navré, en 1806, des progrès que réalise l'opéra-comique. « La préférence accordée à la musique, — dit-il, — a fait dégénérer le spectacle en un mauvais concert » (2).

Mais ce dont il importe absolument de conserver le souvenir à Geoffroy, c'est la tirade suivante sur les **ouvertures**, qui termine un de ses articles :

L'ouverture est une belle symphonie ; on se plaint qu'elle ne signifie rien : c'est un malheur assez ordinaire aux symphonies. . . . .

La mode des ouvertures doit son origine aux progrès de la musique instrumentale : l'ouverture n'est pas plus nécessaire à un opéra que ne l'est à une tragédie le morceau de musique que l'orchestre exécute avant qu'on lève la toile, et même l'ouverture d'un opéra est beaucoup moins convenable : car on peut préparer les spectateurs à la représentation d'une tragédie ou d'une comédie par un morceau de musique. Mais pourquoi coudre une symphonie à un opéra, où il n'y a toujours que trop de musique ? Croit-on que trois heures ne suffisent pas pour entendre l'orchestre ? Et pourquoi faire essuyer aux auditeurs, dans le moment où l'attention est la plus frai-

(1) *Moniteur* de 1809, 303.
(2) *Journal des Débats*, 10 mars 1806.

che, un surcroît de musique, absolument inutile ? La seule ouverture d'un opéra devrait être la ritournelle du premier morceau de la pièce ; et les anciens opéras-comiques n'en avaient pas d'autre (1).

Ainsi, à vrai dire, la musique, pour ces gens-là, n'offre aucun sens. Toujours le même sentiment qui a dicté le fameux mot de Fontenelle : « Sonate, que me veux-tu ? »

Ces articles paraissaient plusieurs jours après l'audition dont ils rendaient compte. Comme tous ceux relatifs au théâtre, ils figuraient au rez-de-chaussée des journaux, généralement le lundi ou le mardi. Le nom de « feuilleton » a, pour la première fois, été donné à ceux de Geoffroy, et s'est conservé, bien que la chose qu'il représente tende à disparaître de plus en plus.

(1) Id. 23 novembre 1805. Reproduit dans son *Cours de littérature dramatique*, t. V.

CHAPITRE III

Histoire de la Critique Musicale Moderne.
(1820 à 1880)

Jusqu'ici, nous n'avons point encore, à vrai dire, rencontré de critique musical professionnel. Maintenant, nous allons en trouver un, Castil-Blaze. C'est lui, en effet, qui se présente d'abord dans l'histoire. Avec complaisance il a rappelé ce titre, que l'on ne saurait lui contester.

Castil-Blaze était un musicien. Compétent en la matière dont il avait à nous entretenir, il introduisait dans la presse un état d'esprit nouveau. Cet état d'esprit se manifesta dès le début de sa chronique musicale — c'est l'expression qu'il employa — dans le *Journal des Débats* du 7 décembre 1820 :

Cette chronique sera exclusivement consacrée à la musique. Les opéras anciens et nouveaux y seront (uniquement sous le rapport musical) examinés, analysés avec soin et d'après les principes de la bonne école... J'ai pensé que les lecteurs aimeroient à trouver dans ce journal des détails sur un art plein de charme, dont les feuilles périodiques ont, jusqu'à ce jour, parlé d'une manière trop vague et trop fugitive.

Ce programme fut précisé davantage quelque temps après, et Castil-Blaze déclara sans ambages que les littérateurs n'entendant rien à la musique, ils feraient bien de s'abstenir d'en parler.

Le *Journal des Débats* confiait alors les comptes-rendus musicaux à plusieurs de ses collaborateurs, et l'un d'eux, Duvicquet, protesta, la semaine suivante, en évoquant avec grandiloquence l'ombre des Encyclopédistes. Castil-Blaze insista de nouveau pour bien souligner sa pensée (1).

Il est à noter que l'incident piqua au vif nos journalistes. A partir de ce moment, ils s'efforcèrent de soigner davantage leur travail, et l'émaillèrent soudain d'expressions techniques, mendiées assurément chez des musiciens.

La conscience de Castil-Blaze reste chargée de musique détestable, d'ouvrages d'histoire musicale par trop fantaisistes, de livrets ridicules, et, en matière d'arrangement de pièces lyriques, de véritables assassinats. Nous n'avons pas à envisager ces différents points, mais uniquement à juger le juge artistique (2).

Ce critique n'est pas absolument parfait. Au hasard de ses thèses souvent un peu étranges, relevons celle-ci, car aussi bien elle paraît servir de base à l'une de ses brochures: la musi-

(1) 5, 11, 14 janv. et 14 mars 1821.

(2) Il est resté aux *Débats* où il signait XXX, jusqu'en 1832, et est ensuite passé au *Constitutionnel.* Il a aussi écrit au *Ménestrel* et à la *Gazette musicale.* Pour les indications bibliographiques, je renverrai maintenant à la *Biographie universelle* de Fétis. Comme il s'agit de contemporains que ce dernier a connus, les renseignements fournis sont généralement exacts. On consultera aussi avec fruit le supplément de M. Pougin à cet ouvrage.

que française est de la prose, et l'italienne de la
poésie. Il paraît que là seulement résiderait
toute la différence entre les deux écoles (1).

A côté de cela, il apprécie parfois très bien,
ainsi que l'on pourra s'en rendre compte par
ce qu'il écrit sur le *Zémire et Azor* de Grétry :

Les mélodies de cet opéra sont généralement belles,
leur expression vraie ; on y trouve de la gaieté, du
pathétique, de l'esprit et une grande connaissance de
la scène. Mais je suis forcé de dire que tout cela est
défiguré par des phrases surannées, des tours de
mauvais goût. Un motif heureux aurait charmé l'o-
reille, on déplore que celui qui a su le trouver, ne
l'ait pas mieux conduit et qu'il l'ait établi sur une harmonie vulgaire et pauvre. Il n'est pas nécessaire
d'être musicien pour s'apercevoir que l'orchestre
n'exécute le plus souvent que deux parties, l'une
doublée par les violons et l'autre par les violes (altos)
et les basses. Comme rien ne remplit l'espace immense qui sépare le grave de l'aigu, l'orchestre, tout
nombreux qu'il est, ne présente réellement qu'un duo
de basse et de violon. L'harmonie ne s'appuyant jamais sur des masses intermédiaires, les deux parties
extrêmes agissent continuellement, et la basse marche
lourdement à pas comptés et avec une fatigante uni-
formité. sous les unissons ou les octaves des violons (2).

Tout cela est très juste et constitue assurément de la bonne critique.

Quant à son attitude en présence des inno-
vations, on doit la louer, en somme ; il a été

1) *Sur l'opéra français. Vérités dures, mais utiles* (Paris,
1856).

(2) *Débats* du 14 janv. 1821.

parfois favorable à Berlioz, et a soutenu les symphonies de Beethoven, quand Habeneck les a révélées.

En résumé, il y aurait ingratitude à trop accabler celui qui rendit tant de services à notre cause en portant le premier coup de pioche dans l'œuvre funeste des Encyclopédistes. Grâce à lui, des idées saines pénétrèrent enfin dans la grande circulation et dans le grand public. Avec lui, le critique musical cesse d'être une chose pour devenir une personne entre les mains du directeur de journal.

*
* *

Le véritable vulgarisateur de notre science, celui qui, dans une large mesure, a formé le goût musical français, parut bientôt après Castil-Blaze. J'ai nommé l'historien Fétis.

François Fétis est professeur de contrepoint au Conservatoire quand il a l'idée de fonder, avec le précédent écrivain, une revue de musique ; mais les pourparlers n'aboutissent pas, et seul il reste pour l'exécution de son projet (1).

C'est dans ces conditions qu'en 1827, il lance la *Revue musicale* dont il est pour ainsi dire l'unique rédacteur. La nouvelle feuille se fait aussitôt remarquer par le sérieux dans l'étude, la solidité dans le raisonnement, et la variété dans les sujets traités. Elle oscille de l'archéologie à l'actualité. La réussite est immédiate.

(1) Fétis. *Biogr. univ. des Musiciens*, art. Fétis.

Cette réussite provoque l'entrée en scène de rivaux. D'abord le *Ménestrel*, le doyen de nos périodiques musicaux, en 1833, avec une innovation : son grand format. Jusque-là, en effet, la livraison de tout journal de musique offrait l'aspect d'une petite brochure.

Ensuite, en 1834, se montre la *Gazette musicale*. L'hostilité s'établira aussitôt entre ce dernier organe et celui de Fétis, puis le calme ; finalement, en 1835, l'entente et la fusion (1). La *Revue et Gazette musicale*, bientôt redevenue la *Gazette musicale* tout court, fournira une très belle carrière, puisqu'elle se prolongera jusqu'en 1880.

Fétis était doué d'une extraordinaire facilité de travail. Nous lui devons un nombre considérable d'articles, non seulement dans la presse musicale, mais aussi dans la presse politique, au *Temps*, au *National*. N'oublions pas ses divers ouvrages et surtout sa *Biographie universelle des Musiciens*, parue en 1834 (2), et si commode à divers points de vue.

Mais cette qualité a entraîné un grave défaut: l'audace de tout aborder, même des domaines qui lui étaient absolument étrangers. Quand il manquait de renseignements sur un point donné, ce Touche-à-Tout en inventait, au besoin édifiait un roman. De là, des erreurs nom-

(1) *Gazette mus.*, de 1835, 353.
(2) La seconde édition date de 1860.

breuses qui gâtent son œuvre historique et critique.

Fétis a été cordialement détesté de ses contemporains. Cela s'explique quand on est
amené à constater son amour de la polémique,
sa manie de morigéner tout le monde, son
entêtement qui voulait toujours avoir raison,
sa perfidie intermittente, et son ton arrogant
de pédagogue.

Pédagogue, il l'était, d'ailleurs, jusqu'à la
moëlle. La manifestation la plus piquante de
cet état d'esprit se produira au sujet d'un quatuor de Mozart, dans lequel se trouvera un
accord, peu extraordinaire cependant, qui
aura le don d'exaspérer notre homme, certaines règles n'ayant pas été observées pour sa
constitution (1).

Dans un article d'un comique intense, il
expliquera qu'il a voulu laver de ce crime la
mémoire de l'auteur de *Don Juan*, se bien rendre compte si vraiment ce dernier était aussi
coupable ; qu'en conséquence, il a recouru au
manuscrit autographe lui-même, et que, hélas !
la faute y était bien, s'étalant avec impudence.
Alors, il terminera ainsi son élégie :

Il ne me reste plus de doute sur cette erreur d'un
grand artiste. Rendons-nous à l'évidence, mais gardons-nous de dire, comme Haydn, qu'il eut ses raisons pour écrire ainsi ; car de pareilles fautes blessent
la raison, les sens et le goût (2).

(1) Accord de septième de seconde non préparé.
(2) *Revue mus.*, V, 601.

Dans le même ordre d'idées, on peut citer également ce qu'il dira de Beethoven, au sujet de ses dernières compositions, que tout le monde admire (1) :

Sans qu'il y prît garde aussi, son originalité perdit quelque chose de sa spontanéité en devenant systématique ; les bornes dans lesquelles il l'avait retenue jusqu'alors furent renversées. Les redites des mêmes pensées furent poussées jusqu'à l'excès ; le développement du sujet qu'il avait choisi alla quelquefois jusqu'à la divagation ; la pensée mélodique devint moins nette, à mesure qu'elle était plus rêveuse ; l'harmonie fut empreinte de plus de dureté et sembla, de jour en jour, témoigner de l'affaiblissement de la mémoire des sons ; enfin Beethoven affecta de trouver des formes nouvelles, moins par l'effet d'une soudaine inspiration, que pour satisfaire aux conditions d'un plan médité. Les ouvrages faits dans cette direction des idées de l'artiste composent la troisième période de sa vie, et sa dernière manière. Cette manière se fait déjà remarquer dans la symphonie en *la*...

Assurément tous ces défauts s'avèrent fort graves (2). Néanmoins, parmi les titres que Fétis a su conquérir, deux surtout réussissent à le mettre hors de pair : l'histoire musicale était dans le chaos, et il a commencé à l'en tirer ; de plus, il a été le fondateur de la presse

---

(1) *Biogr. univ.*, 2ᵉ édit., I, 312.

(2) N'omettons pas de mentionner sa retentissante étude sur ou plutôt contre Wagner (*Gaz. Music.* de juin, juillet et août 1852), dans laquelle il a manqué souvent de bonne foi, notamment en présentant des citations d'une façon... trop habile. Cette étude, qui, pourtant, ne manque pas d'une certaine valeur, a été, depuis, l'inspiratrice de beaucoup d'autres.

musicale française. Voilà des circonstances très atténuantes qui militent certes en faveur du grand initiateur de ces belles œuvres.

Il faut encore noter à l'actif de Fétis quelques particularités tout à son honneur. Il a mené le bon combat, chantant presque toujours, et avec perspicacité, la gloire de Beethoven ; défendant d'une manière relative Berlioz qui ne lui était pas sympathique ; se montrant sévère pour la mauvaise musique italienne (1) ; admirant *Guillaume Tell*, mais reprochant à Rossini, son auteur, « l'emploi de moyens factices qui annoncent peu de conscience musicale » (2) ; et faisant entendre de graves restrictions sur le compte d'Auber (3). Finalement, ce qui, étant donné l'époque, doit être absolument signalé, c'est qu'il a bien précisé la nature différente des talents de Bach et de Hændel, établissant entre les deux un parallèle remarquable :

On a souvent essayé de les comparer dans le but de donner la palme à l'un ou à l'autre ; il me semble qu'ils ont été tous deux mal appréciés. A l'exception de quelques formes de style, inhérentes à l'époque où ils vécurent, les routes qu'ils suivirent et les qualités de leur génie sont absolument différentes. Point d'analogie dans le but qu'ils se proposèrent ; point de rapport exact dans leurs travaux ; donc point de vainqueur ni de vaincu. Toutefois, l'appréciation paral-

(1) *Rev. mus.* du 25 mars 1833.
(2) *Rev. mus.*, VI, 35.
(3) *Le Temps* du 8 mars 1833.

lèle de ces deux grands artistes n'est point sans intérêt pour l'histoire de l'art.

. . . .

En résumant ce qui vient d'être dit, on voit que Hændel se distingue par la netteté de la pensée, Bach par la profondeur; Hændel est grand par la simplicité, Bach par ses combinaisons complexes. Tous deux sont doués d'un vif sentiment du beau; mais ce sentiment se manifeste chez eux dans des ordres d'idées absolument différents (1).

Toute l'étude se maintient dans ce ton qu'il faut admirer sans réserve.

Il est un dernier point qui commande une certaine discrétion. On ne saurait le laisser dans l'ombre, car trop souvent, malheureusement, il y a été fait allusion.

Fétis a été accusé de se laisser guider parfois, dans ses appréciations, par des arguments qu'il aurait dû repousser (2).

Je me borne simplement à signaler la chose, en déclarant que je n'ai découvert aucune preuve à ces allégations. Cependant cette absence de résultat dans mes recherches ne sera pas considérée comme un élément pour la solution du problème, car il s'agit là d'un domaine étrange, où l'on trouve bien rarement trace de ce qui s'y passa.

Puisque nous venons de parler du fondateur

(1) *Gaz. mus.* de 1840, 129.

(2) Wagner notamment dit à ce sujet, dans une lettre : « Il est capable de n'importe quoi. » *Renaissance latine* du 15 fév. 1904, 384.)

de notre presse musicale, il serait peut-être d'une bonne méthode de travail d'envisager immédiatement les suites de l'impulsion ainsi donnée dans cette direction particulière. Nous allons les fixer en quelques mots.

La prospérité du *Ménestrel* et de la *Gazette Musicale* fit éclore, dès 1837, une nouvelle entreprise, la *France Musicale* qui ne disparut qu'en 1870. Quelques-unes sont nées ultérieurement : en 1855, le *Guide Musical* qui existe encore; de 1873 à 1876, la *Chronique Musicale*. Puis, parmi nos journaux de la dernière heure, qui tous offrent une physionomie propre : le *Monde Musical* (1888), le *Courrier Musical* (1896), la *Revue Musicale* (1901). N'oublions pas, en province, l'*Ouest-Artiste* à Nantes, depuis 1884, et l'*Angers-Artiste*.

En somme, depuis Fétis, cette littérature à destination spéciale a toujours disposé, en France, de plusieurs organes qui ont constitué une force respectable, formé le goût, et amené un résultat très appréciable. Disons-le bien haut : sans eux, nous ne nous trouverions pas encore dans notre état musical actuel, et ils peuvent revendiquer leur très large part d'action dans ce mouvement général d'amélioration.

*
* *

Revenons maintenant à la presse quotidienne.

Les gens de lettres y sévissent toujours, ne montrant aucune préoccupation de savoir, et se laissant guider par le parti pris, le goût du plaisir musical ou les caprices du tempérament. Les ayant déjà vus à l'œuvre, est-il bien utile de nous arrêter maintenant à Jules Janin, Vitet, etc.? La vie étant courte, n'importe-t-il pas, au contraire, d'économiser son temps?

Cependant, afin que l'on ne dise pas qu'il y a, en ce moment, exagération de ma part, je prendrai deux écrivains que l'on cite comme des juges musicaux particulièrement remarquables : Théophile Gautier et Baudelaire.

Théophile Gautier est entré à la *Presse* en 1836, et au *Moniteur* en 1855 (1). Voyons, parmi les plus typiques, quelques-unes de ses appréciations.

Il estime que la *Double Échelle* d'Ambroise Thomas pourrait très bien passer « pour une opérette posthume de Dalayrac » (2). Je me contente de livrer la comparaison à ceux qui connaissent les roueries pleines de grâces, l'écriture assez soignée de l'opéra-comique en question, et la tendresse ainsi que la grande simplicité de forme de Dalayrac. Ils en goûteront certainement toute la saveur.

Au sujet du *Benvenuto Cellini*, de l'auteur de la *Damnation de Faust*, le même Gautier déclare que « tout l'ouvrage est semé de motifs travaillés avec beaucoup de soin, accompagnés souvent de contresujets, d'imitations et de ca-

______

(1) La plupart de ses critiques ont été réunies dans son *Histoire de l'Art Dramatique en France* (Leipzig, 1858).

(2) Ouv. cité, i. 27.

nons qui dénotent chez M. Berlioz une profonde science d'harmoniste » (1).

Ici, le brillant styliste, voulant faire illusion
aux autres et à lui-même, a éprouvé le besoin
d'entrer dans des détails techniques; mais il
n'est arrivé qu'à montrer trop brutalement une
chose : c'est que la matière musicale lui restait
totalement étrangère. Il prend la pauvreté pour
de la richesse. Berlioz n'était pas harmoniste.
N'insistons pas.

Rendant compte d'une représentation du
Tannhauser de Wagner, donnée à Wiesbaden
en 1857, Gautier y regrette l'absence de mélodie, et ajoute cette perle : « ... la mélodie ailée
et capricieuse voltigeant au-dessus de l'idée
comme un papillon au-dessus d'une fleur » (2).

Ainsi *Tannhauser* manquerait de mélodie,
parait-il. Voilà une découverte précieuse.
Quant au papillon et à l'idée qui planent auda-
cieusement sur ce passage, j'avoue bien hum-
blement ne pas comprendre leur intervention.

Mais les surprises ne sont point ménagées,
car nous lisons quelques lignes plus bas :

Le romantisme de Wagner est bien plutôt un retour
aux anciennes formes qu'une innovation révolutionnaire ; son orchestre est plein de fugues, de contre-
points fleuris, de canons exécutés avec beaucoup de
science. Rien n'est moins échevelé ; l'air de désordre
vient de l'absence du rythme carré que de parti pris
le maître évite, de même qu'il s'abstient de moduler.

(1) Id., 172.
(2) *Moniteur* du 29 sept. 1857.

Ici, c'est encore mieux : autant d'erreurs que de mots. Dans *Tannhauser*, Wagner ne retourne pas aux anciennes formes ; au contraire il commence son évolution. Cette pléthore de fugues et de canons se réduit en réalité à quelques imitations. Le rythme carré n'est pas absent, puisque notamment l'influence italienne reste très visible. Quant au parti pris de ne pas moduler, le chromatisme, sans devenir seigneur et maître comme dans *Tristan*, se permet cependant quelques familiarités avec cette partition.

Maintenant, on m'opposera sans doute que, chez Gautier, le commentateur musical ne demeure pas absolument sans mérite ; que parfois il a vu juste ; qu'ainsi, en particulier, il ne s'est point laissé aveugler par tout le clinquant de Meyerbeer.

Certes. Mais rappelant que, derrière chaque encyclopédiste, il y avait un ou plusieurs musiciens, ne peut-on supposer qu'il en est peut-être de même ici ?

Ouvrons le *Journal des Débats* de 1887. Nous y verrons, au 20 mars, que M. Reyer raconte avoir fourni parfois à notre écrivain « les renseignements techniques dont il avait besoin ». Cette déclaration catégorique ne laisse place au moindre doute (1).

____

(1) Douze ans auparavant, notre compositeur avait été moins affirmatif. Dans ses *Notes de musique*, p. 413, il reconnaissait avoir donné à Théophile Gautier des indications au bon moment, mais déclinait « toute part de collaboration à ses feuilletons ». N'oublions pas que M. Reyer est un

Passons à Baudelaire. On parle beaucoup de sa petite brochure *Richard Wagner et Tannhauser à Paris*, dans laquelle, en 1861, il prenait — ce dont nous le louerons — la défense du célèbre novateur (1). Examinons-la d'un peu près, en dehors de l'admiration traditionnelle et obligée, et nous serons amenés à confesser que c'est un plaidoyer, agréable sans doute, mais de valeur nulle à notre point de vue spécial. Un passage même détonne dans l'ensemble, tant sa portée critique est réelle (2). En effet, c'est un emprunt fait à Liszt. Mais Baudelaire a eu la loyauté de ne pas essayer de le dissimuler. Aussi en doit-il être tout particulièrement félicité. Son ignorance musicale n'a pas reculé, comme tant d'autres, devant l'usage du guillemet. Ainsi donc, en l'espèce, il n'y a qu'une page à retenir, et elle n'est pas de l'auteur de la brochure.

En conséquence, nous pouvons affirmer que les littérateurs sont, dans leurs gloses musicales, restés sans changement. Leur style général a évidemment varié avec la marche du temps, mais leur incapacité s'étale toujours aussi incommensurable.

Une particularité est cependant à noter. A partir de 1830 environ, ils ont eu, comme la

esprit très fin, qui sait dire les choses avec adresse. Son explication discrète et transparente n'indiquait pas tout ce qu'il sait, mais elle le laissait entrevoir.

(1) Il a écrit aussi à la *Revue européenne.*

(2) P. 43.

génération à laquelle ils appartenaient, une
tendance a ne voir une œuvre qu'à travers ses
interprètes. Selon la valeur plus ou moins réelle
de ceux-ci, la musique était jugée remarquable
ou médiocre. Cette bizarrerie s'est prolongée
assez longtemps, et n'a cessé qu'avec le règne
des chanteurs italiens.

L'étrange figure d'un journaliste devra maintenant nous retenir quelques instants... il est
vrai d'une manière peu enviable. Je veux parler
de Descombres, dit Charles Maurice.

Charles Maurice, clerc d'officier ministériel,
écrivait pour le théâtre, à ses heures perdues. Un beau jour, il eut l'idée de fonder un
journal, *le Camp volant*, qui, changeant de
peau comme le serpent, avec lequel il avait
d'autres points de ressemblance, devint bientôt le *Courrier des Théâtres*. C'est là, qu'em-
busqué de 1823 à 1842, ce forban exerça son
métier.

Il était sans talent, mais avait su s'imposer
par un esprit extraordinaire qui mettait les
rieurs de son côté. L'audace ne lui faisant pas
défaut, on le redoutait. Par crainte on devenait
son abonné, sinon pour se concilier ses faveurs,
du moins pour s'assurer sa neutralité. Au fond,
il était entouré du mépris général. Pourtant on
ne le lui disait pas en face, car on savait qu'il
maniait les armes avec habileté. Sa plume avait
le cynisme et l'insolence qui comptent sur l'im-
punité.

La feuille était ignorée de la masse du public, mais jouissait d'un certain crédit dans le monde des théâtres. Aussi directeurs, auteurs et acteurs traitaient-ils Charles Maurice en personnage.

Nous n'avons pas davantage à nous étendre sur ce triste individu ; mais ne point le signaler eût été une lacune (1).

Reprenons maintenant nos relations cordiales avec les musiciens. Nous nous trouverons alors en présence du premier critique de l'époque, d'une physionomie dont l'existence a répandu un grand lustre, de Berlioz.

Nous n'aurons pas à considérer en détail, d'une façon toute particulière, les commentaires du célèbre auteur de *la Damnation de Faust*, puisque nous les verrons dans la collectivité d'un ensemble. Nous procéderons, en conséquence, avec une certaine rapidité d'allures, d'autant plus que les anecdotes et les circonstances sur lesquelles nous aurions à nous arrêter, sont maintenant très connues.

Je rappellerai Berlioz faisant d'abord paraître des articles dans des revues littéraires, puis entrant au *Journal des Débats* en 1835, où il resta une trentaine d'années, tout en collaborant en même temps à la *Gazette musicale*. Il a repris beaucoup de ses articles dans les *Grotesques de*

(1) *Le Temps* du 24 août 1903 lui a consacré un article.

la Musique, A travers chants et le *Voyage musical en Allemagne et en Italie.* Hier enfin, des fragments de quelques-u   de ses feuilletons ont été mis au point et réu.. s, par M. André Hallays, sous ce titre : BERLIOZ, *La Musique et les Musiciens.*

Ce Berlioz critique se montre à nous d'une façon attrayante, mais complexe. Aussi, pour parvenir à bien l'étudier, nous l'envisagerons sous les cinq aspects suivants : sa ligne de conduite, son style, les motifs de son entrée et de sa persévérance dans la carrière, les mobiles qui décidaient certaines de ses appréciations, et le jugement que l'on peut risquer sur son compte.

Berlioz, quand on examine sa ligne de conduite comme critique, vous plonge dans un embarras profond. L'on aperçoit bien, en effet, chez ce méridional sensible et vibrant à l'excès, qu'il est séduit par le beau, froissé par le médiocre. Ce qui déconcerte, c'est qu'assez fréquemment il défend la médiocrité ou attaque la beauté. On se demande alors à quelle influence il cède.

Son admiration embrasse les genres les plus différents. Captivé par des personnalités austères, comme Beethoven et Gluck, il l'est également par des natures gracieuses et tendres, comme Méhul, Monsigny, Grétry, Dalayrac. Ici, on le comprend. Mais quand il est entraîné par des symphonistes très ordinaires, tels qu'Heller et Reber, alors on s'étonne un peu. Ensuite, il se montrera plutôt hostile — si l'on saisit bien toute la portée de ses restrictions ou de son laconisme — envers ces géants qui s'appellent Bach et Hændel, et des génies tels que Pergolèse, Rameau et Mozart.

On ne saurait rencontrer, dans un même article, sans protestation, des dithyrambes enflammés en l'honneur de Beethoven ou de Gluck, et un mot sec pour Bach ou Hændel (1). Et il a un véritable monceau de ces incompréhensions absolument inadmissibles, de ces idées qui surprennent par leur étrangeté.

On l'approuve encore quand il fulmine contre les arrangeurs qui dénaturent les œuvres des maîtres, les exécutants qui ne se conforment pas au texte des auteurs, les ridicules de la plupart des virtuoses. En revanche, on ne devine pas les raisons de ses diatribes contre les compositeurs qui ne mettent pas d'ouvertures à leurs pièces lyriques.

En résumé, dans son ensemble, sa ligne de conduite est, comme je le disais tout à l'heure, déconcertante, d'autant que l'on n'y observe pas la plus petite trace de mauvaise foi. Pas

---

(1) C'est ce qui se répète a chaque instant dans la *Gazette musicale* de 1840, 1841 et 1842. Parlant, par exemple, de la musique de Gluck, il dit : « Elle appartient à une religion plus sensuelle, plus passionnée, plus humaine, on le sent au trouble qu'elle excite,... » etc., etc. Hændel, lui, doit se contenter de cette phrase sommaire : « Il chante sans passion. » *(Gaz. music. de 1840, 8.)*

un seul procédé regrettable ne peut lui être imputé.

Berlioz possédait incontestablement le don du style littéraire. Son écriture était romantique, c'est-à-dire mouvementée, colorée, mais à l'excès et sans la moindre mesure, avec des extravagances et même la tache de plaisanteries un peu grosses. On y sent, à doses inégales et variables, un mélange de conviction et d'excitation artificielle. Rarement du calme, plutôt des débordements d'admiration, des transports de haine.

Cet ensemble émanant d'un tempérament vif et batailleur, se nuance de deux caractéristiques précieuses : une verve mordante et âpre, un esprit pittoresque et amusant. Un de ses feuilletons qui résume très bien sa manière, me semble être celui qui concerne le *Pigeon vole* de Castil-Blaze (1) :

Et voilà que tout d'un coup, M. Castil-Blaze, qui sait combien la gloire est inutile, puisqu'elle ne garantit les œuvres du génie d'aucun genre d'insulte, d'aucune espèce de profanation, se met à courir éperdu après elle, criant qu'il l'aime, qu'il l'adore, qu'il la lui faut à tout prix. Il est prêt à se ruiner pour elle ; l'or n'est qu'une chimère ; il dépensera pour ses œuvres à lui, pour *Belzebuth* et *Pigeon vole*, tout ce que lui rapportèrent les productions des maîtres italiens, français et allemands. Il demande qu'on l'exécute, il veut à toute force qu'on le joue. O malheureux... insensé ! soyez donc satisfait ! vous voilà joué ! vous voilà glo-

(1). *Débats* du 15 août 1843.

rieux! vous voilà déjà célèbre! on ne parle à cette heure que de vous dans Paris.

Berlioz continue en demandant à l'auteur, lui qui a corrigé, revu et augmenté les plus grands compositeurs anciens et modernes, ce qu'il penserait si quelqu'un mettait la main sur ce « pigeon et s'avisait, pour l'embellir, de lui coller une crête sur la tête ou de lui couper la queue ». Puis, après avoir fort malmené la partition, et raconté comment la représentation fut interrompue par les moqueries du public, il termine ainsi :

Là dessus, les pauvres acteurs, incapables de tenir leur sérieux plus longtemps, plantent là le poignard et la flûte, et le pigeon et M. Castil-Blaze, et se sauvent dans la coulisse en riant comme tout le monde.

Car, pour être chanteur, on n'en est pas moins homme.

Puis un pompier a voulu faire baisser la toile et mettre fin à cette exorbitante hilarité. La toile qui, elle aussi, riait à se tordre, qui se ridait dans tous les sens, ne voulait pas descendre, curieuse apparemment de voir le dénoûment. Force pourtant est restée à la loi; la toile s'est abaissée bon gré, mal gré, et le public en se dispersant, a fait retentir les rues, les passages voisins du théâtre Ventadour, de ses exclamations joyeuses jusqu'à une heure du matin. Voilà un succès!!!

On conçoit qu'avec de tels commentaires, l'auteur de la *Damnation* se soit créé d'ardents ennemis. Les victimes, en effet, avaient le droit de n'en être point satisfaites (1).

(1) De même, dans les *Débats* du 28 février 1840, la musique de Fétis est traitée de « vieille édentée ».

Il excellait aussi dans les entrées en matière, et celle de l'article sur le *Faust* de Gounod — une conversation de corridor au Théâtre lyrique — peut être citée (1).

— Avec tout cela, il n'y a pas à se le dissimuler, c'est un succès. — Certainement. — Et un grand succès. — Oui. Aviez-vous espéré une chute ? — Je l'avoue,, la chute me souriait. — Pourquoi ? Vous détestez donc M. Gounod ? — Je le déteste. — Parce que ? — Parce qu'il porte une longue barbe. A-t-on jamais vu musicien si barbu ? Rossini porte-t-il la barbe, Meyerbeer, Halévy, Auber, portent-ils la barbe ? Qu'est-ce que ces habitudes de moujik ? Sommes-nous en Russie ?... — C'est vrai, c'est vrai. Oh ! dès que vous me donnez des raisons .. En effet, un musicien barbu ne peut avoir aucun talent, et vous êtes plus qu'autorisé à détester M. Gounod. Pourtant un poète l'a dit :

« Du côté de la barbe est toujours la puissance ».

Félicien David, d'ailleurs, et Verdi, portent la barbe ; vous n'avez jamais paru les haïr... — Ce n'est pas la même race d'artistes, et leur barbe est moins longue. — Très juste, vous êtes très juste. Rentrons, voilà le quatrième acte qui commence.

Il savait également faire allusion à l'incident du jour, et toutes ces fantaisies à côté étaient parfois prolongées indéfiniment lorsqu'il ne voulait point parler de l'ouvrage à examiner.

Sa critique, avec cette forme attrayante, a véhiculé dans la masse des idées utiles. Ainsi, à l'occasion d'une reprise du *Prophète*, cette charge amusante contre la mode ridicule des

(1) *La Musique et les musiciens*, 288.

variations instrumentales et vocales est à souligner (1) :

... Le flageolet, les flûtes, le cornet à pistons, les
pianos, les bals, les concerts de salons et de pension-
nats de demoiselles aidant, chacun sait maintenant
que la partition du *Prophète* contient trente morceaux
de divers et très beaux caractères, sans compter
quatre airs de ballet, valse, redowa, quadrille des pa-
tineurs et galop, d'une élégance et d'un entrain irré-
sistibles...

Mais comme les amateurs véritables, les forts sup-
posent bien que leur exécution de toutes ces admi-
rables choses sur le flageolet, et même sur deux
flageolets, si excellente qu'elle soit, laisse un peu à
désirer, la plupart d'entre eux deviennent curieux de
voir l'œuvre entière arrangée à grand orchestre par
l'auteur; et, en dépit de la mode, ils vont à l'Opéra.
Voilà pourquoi il y avait foule si compacte à la représentation dernière, et tant de visages de joueurs de
flageolet.

Quelques-uns de ces dilettanti ont bien trouvé que
M. Meyerbeer avait entièrement dénaturé leurs morceaux favoris en les arrangeant pour tant de voix et
d'instruments ; souvent même ils ont été embarrassés
pour les reconnaître ; mais en considération de l'originalité de la mélodie, ils ont senti qu'il ne fallait pas
trop en vouloir de son harmonie et de son instrumentation à l'arrangeur, et ils lui ont généreusement par-
donné tout ce luxe intempestif.

Avec des préceptes aussi sains, et présentés
de la sorte, Berlioz exerça sur son temps une
action considérable. Il contribua incontestablement à nous faire revenir au bon goût, et à

(1) *La Musique*, etc., 119.

nous guérir de la plaie ouverte par les Encyclopédistes (1).

Il savait aussi entourer le détail technique de
réflexions ingénieuses. Voyez ce passage, et
dites si j'ai tort :

Le concert commençait par une symphonie en *sol*
de Haydn, dont l'andante et le menuet sont remplis de
ces jolis détails, de ces jeux innocents d'orchestre où
l'on retrouve, avec la savante facture qui donne tant
de prix aux moindres productions de ce grand maitre,
les sentiments de sérénité et de joie qui semblent
ne l'avoir jamais abandonné, du début à la fin de sa
longue carrière. Le thème syncopé des cors, et la ren-
trée des violoncelles dans le trio du menuet, sont d'un
effet piquant et vraiment délicieux. Le finale, au contraire, me paraît appartenir à ce petit genre de petits
rondos que le bon Haydn écrivait pour les petits sou-
pers du prince d'Esterhazy, et que ce bon prince écou-
tait d'une dent dédaigneuse, en offrant des fruits glacés
à ses belles convives. Les cors et les bassons font là
des espèces de pédales toniques arpégées en octave,
et très bouffonnes, semblables à celles de la chanson
de la *Cosa rara* que Mozart, pour faire une galanterie
à Martini, a fait exécuter pendant le dernier souper
de don Juan (2).

Cependant Berlioz a eu le défaut de sa qualité, en ce sens que souvent, dans ses gloses, il
faisait à la littérature une part plus large qu'à
la musique. A cet égard, on trouve ses commentaires sur les symphonies de Beethoven

1) Il n'aimait pas, du reste, les Encyclopédistes, et, dans
ses *Grotesques de la Musique*, il les traite de « prodigieux
bouffons ».

(2) *Gaz. mus.* de 1842, 44.

inférieurs à leur réputation, car on était en droit d'attendre plus d'un tel génie parlant d'un autre génie. Il y oublie sa passion musicale pour courir après la fantaisie littéraire.

En somme, Berlioz a été un bon styliste; mais quand on l'a considéré comme un grand littérateur, on n'a point tenu compte des négligences qui se rencontrent sous sa plume. On devrait déclarer qu'il a été un grand journaliste. L'appréciation serait plus précise et plus juste.

Quant aux motifs qui ont poussé Berlioz dans la carrière, on ne se les explique pas de prime abord, avec les plaintes et les gémissements perpétuels qu'il fait entendre dans ses allusions à sa situation de critique. On finit bientôt par remarquer que ces doléances ne sont qu'une attitude commandée. Surtout en une circonstance, les détails qu'il fournit paraissent aussi ridicules qu'invraisemblables.

Dans ses *Mémoires*, il raconte qu'un jour, ayant à rédiger un feuilleton, et ne trouvant rien à dire, le désespoir le gagne. Exaspéré, il brise sa guitare d'un coup de pied, et saisit son pistolet pour se détruire. Alors entrée subite de son fils en bas âge, suivie de l'abandon immédiat de l'arme dramatique, et bientôt sortie de l'opportun visiteur. Mais le narrateur, oubliant complétement ce qu'il vient d'exposer au sujet de cette guitare, maintenant hors d'état de servir, continue qu'il la reprend, qu'elle con-

sent à lui donner quelques accords, et il ajoute
même : « sans rancune » ! Cette fois, notre
écrivain a été beaucoup trop loin, et s'est gros-
sièrement trahi.

Il attachait, au contraire, la plus grande importance à ses feuilletons. La preuve, c'est qu'à
chaque intant, dans ses lettres, il demande à
ses correspondants s'ils ont lu ses articles. Ailleurs, il nous énumère, d'une façon plaisante
et surtout complaisante, les sollicitations dont
il est l'objet de la part des compositeurs, des
chanteurs et des virtuoses, non seulement chez
lui, mais en chemin de fer, en bateau (1). Du
reste, il prenait, au fond, la critique très au
sérieux, lui attribuant en partie les progrès réa-
lisés par la musique (2). Finalement, n'était-ce
pas une carrière ouverte à ses instincts de batailleur et de polémiste ?

Bref, on ne saurait voir, dans toutes ses protestations, que de gros et romantiques effets de
muscles. De plus, les Dauphinois — j'ai eu
l'occasion de les étudier de près — sont des
hommes extraordinairement pratiques, des
esprits très rusés. Ils considèrent la plainte
comme une nécessité, un moyen de parvenir.
Berlioz, à ce point de vue, était bien de sa province, et personne autant que lui n'a su trouver
des protecteurs, demander et se faire do mer.
Dès ses débuts dans la composition, il avait
remarqué que le journalisme est une corpora-

(1) *Gaz. music.* du 7 janvier 1838.
(2) Id. de 1840, 38.

tion dont tous les membres se tiennent étroitement, et sont plus ou moins redoutés. Alors il
y est entré, estimant passer ainsi un véritable
contrat d'assurance, et que cette avantageuse
opération aiderait à le mettre sur le piédestal.
J'ajouterai qu'il avait très bien calculé : ce qu'il
a obtenu, il l'a dû, presque toujours, à sa situation de journaliste. Il a donc gémi ostensiblement d'être critique parce que dauphinois
d'origine et romantique d'éducation.

Nous avons vu que les jugements de Berlioz
paraissaient dictés par une absolue bonne foi,
mais qu'ils étaient quelquefois déconcertants.
On sent leur auteur disputé par des forces contraires, et on découvre les causes et les mobiles
de quelques décisions regrettables.

Les causes de son incompréhension de certains maîtres sont de deux ordres différents.

En ce qui concernait les maîtres du passé, il
y avait son ignorance profonde en histoire musicale. Pour lui, Gluck était le Messie, et, auparavant, rien n'était apparu. Son instruction
musicale était demeurée incomplète sur ce
point.

A l'égard des maîtres contemporains, on constate la passion, la jalousie. Il leur faisait payer
ses déceptions. Par exemple, il outrageait
Wagner, croyant découvrir en lui un rival. Le
moyen est, somme toute, excellent pour se
mettre en relief. Certains modernes en savent
quelque chose.

Quant aux mobiles qui ont parfois conduit Berlioz à des éloges de complaisance ou à ne pas dire sa pensée sans restrictions, avec une entière franchise, ils sont également de deux sortes.

Ce révolutionnaire farouche éprouvait pour le monde officiel le plus profond des respects, et n'en parlait qu'avec déférence. Il s'est d'ailleurs empressé de poser sa candidature à l'Institut dès que la chose est devenue faisable.

De plus, il tenait à voir sa musique exécutée le plus possible, et sa réputation de compositeur à l'abri de toute atteinte. Ce sentiment — bien naturel — avait pris, chez lui, une ampleur peu commune.

En conséquence, Berlioz ménagera, parmi ses confrères, ceux dont la notoriété est importante, la réputation solidement établie, notamment Auber, Halévy, Meyerbeer. Et quand une parole plus ou moins aigre lui échappera, c'est qu'il n'aura pu se contraindre tout à fait, maîtriser l'ardeur de son tempérament. On se rappelle que, chez lui, la volonté était nulle.

Dans sa préface de *la Musique et les Musiciens*, M. André Hallays dit que Berlioz s'est exprimé sans détours sur la *Sapho* de Gounod, le 22 avril 1851. Mais, quand on se reporte au feuilleton invoqué, la partie finale, avec tous les compliments qu'elle distribue, n'est pas autre chose qu'un onguent habilement préparé, destiné à panser la petite égratignure faite auparavant. Envisager autrement cette étude, ne pas y distinguer les deux courants adverses qui s'y font équilibre, c'est, je crois, en ébranler le sens.

Le même écrivain cite encore des remontrances adressées à Hérold, Donizetti et Offenbach. Dans ces circonstances, en effet, Berlioz s'est montré plus ou moins sévère ; mais il faut noter que ces artistes ne pouvaient rien contre lui, ne jouissant pas alors, dans le monde musical, d'une bien grande influence.

Bref, notre critique savait admirablement doser l'éloge et le blâme. Toujours très soucieux de ses intérêts particuliers, il devenait prudent, aimable et habile, dès que ceux-ci le lui conseillaient.

Finalement, après avoir envisagé en détail le critique musical chez Berlioz, on se demandera quel jugement peut être formulé sur lui. La justesse de la plupart de ses vues, l'avance qu'il a fait réaliser à la critique et à l'éducation musicales, la bizarrerie de quelques-uns de ses arrêts, le manque d'équité de certains autres, l'absence de perspicacité dans l'admiration, tous ces éléments contradictoires bouillonneront de façon étrange. Et quand on les rapprochera des pages sublimes et des passages médiocres de son œuvre musicale (1), on constatera bien que cet ensemble émane tout

---

(1) On sait que dernièrement, au cours du « cycle Berlioz », au concert Colonne, on a dû, pendant les répétitions, retirer du programme certains morceaux, tant leur valeur laissait à désirer.

entier du même homme. En effet, tel compositeur, tel critique.

Mais les lacunes en histoire musicale, la passion, la haine, le désir de ménager certaines personnalités, n'arrivent pas à faire comprendre tout à fait l'énigme, et quelques détails restent encore inexpliqués.

Les excentricités de Berlioz dans la vie courante; ses tentatives de suicide; sa monomanie de se croire malheureux et persécuté ; son manque de pondération; les détails minimes auxquels il attachait une signification et une importance extraordinaires (1); la créance qu'il accordait aux visions de Swedenborg, lequel prétendait connaître la langue des démons ; son attitude pitoyable, par suite d'un manque de volonté, en présence de celle qui venait de faire une scène ignoble à sa femme souffrante et abandonnée ; tout cela paraîtra comme je ne sais quoi d'agité, de mal coordonné, qui sent l'homme sur lequel s'est abattue la main de la maladie.

En consultant les ouvrages spéciaux écrits sur les affections intellectuelles par MM. Lombroso et Moreau de Tours, il semble que Berlioz était dans un état mental morbide qui l'explique alors complètement. Mais comme il y a toujours, pour celui qui n'appartient pas au

____

(1) Par exemple, le groupe des timbales dans son *Requiem*. Remarquer également, dans ses commentaires sur les symphonies de Beethoven, son insistance en présence de certaines particularités techniques insignifiantes, et son silence devant certaines autres qu'il aurait dû signaler.

corps médical, un certain ridicule à poser sur quelqu'un l'étiquette du diagnostic, j'ai voulu obtenir confirmation de mes recherches, et me suis adressé à M. le docteur Cabanès, l'auteur du *Cabinet secret de l'histoire*, dont les travaux à la fois historiques et médicaux sont bien connus. A une lettre qui lui exposait ma manière de voir, l'éminent érudit a bien voulu répondre qu'il la partageait pleinement. Je m'abrite donc derrière son autorité, en exprimant toutefois l'étonnement qu'aucun de ceux qui, à ma connaissance, ont étudié Berlioz, n'ait encore été frappé par une telle particularité, révélatrice à la fois de l'artiste, de l'écrivain et de l'homme.

En conséquence, de même que Berlioz a été, pour des raisons que nous n'avons pas à examiner ici, un génie musical incomplet, il a été un grand critique, mais également incomplet. Quelque intérêt qu'il offre à notre admiration, l'on ne saurait tout à fait le proposer en modèle, car se découvrent par malheur chez lui une ignorance profonde en histoire musicale, de la haine, de la jalousie envers certains de ses confrères, une tendance regrettable à ne pas articuler ses jugements avec franchise, et un esprit mal équilibré.

*
* *

En prenant congé d'une telle personnalité, il ne faudrait point, bien entendu, s'attendre à trouver des seigneurs d'égale importance, car cet espoir amènerait une déception certaine. Cependant gardons-nous aussi d'une exagération en sens inverse, les figures que nous allons rencontrer n'étant pas absolument sans intérêt.

Celle du littérateur Blaze de Bury, le fils de Castil-Blaze, s'offre d'abord à nous. A la *Revue des deux Mondes*, presque à la fondation de cette dernière, et pendant un demi-siècle, c'est-à-dire de 1833 à 1881, il a exercé sa royauté d'appréciateur (1). Cette royauté s'était même étendue jusqu'à l'Angleterre, où quelques-uns de ses articles étaient traduits.

Au moment de s'expliquer, Blaze de Bury cherchait son idéal dans un bavardage plus ou moins superficiel et approximatif. Pourtant, on doit reconnaître qu'en maintes occasions, il n'était pas privé de discernement. Dans le cénacle des littérateurs-musiciens, il figure, en somme, grâce au contact bienfaisant de son père, celui qui commence à comprendre et à aimer véritablement la musique, un être de transition (2).

Notons sa répulsion pour ceux de ses émules qui cultivaient la poésie. Comme critique musical, il voulait l'homme de lettres, mais pas le poète (3). Je confesse ne pas saisir la nuance,

-----

(1) Il a aussi collaboré à la *Revue britannique*, et signait souvent de Lagenevais. Il a de plus écrit quelques ouvrages de critique : *Meyerbeer et son temps, Musiciens du passé, du présent et de l'avenir*, etc.

(2) Il n'a pas tout à fait méconnu Wagner.

(3) *Rev. des deux Mondes* du 1er janv. 1867, 6.

car il existe entre les deux cas une différence de degré, mais pas de nature.

Le déclin de sa carrière lui arrachera un accès de franchise, dans lequel il reconnaîtra qu'en somme, l'autorité lui manque, et qu'à l'occasion, il aime à s'appuyer « sur l'opinion des hommes du métier (1) ».

Pour arriver à se servir avec perfection de la langue française, on peut dire qu'il faut être né dans le pays privilégié dont elle est issue, être l'heureux compatriote des expressions que l'on emploie, car celles-ci restent difficiles à bien manier. Presque seuls parmi les étrangers, les Italiens ont apporté quelques exceptions à cette règle générale, et, parmi eux, il faut citer le fameux Scudo, dont la forme est d'un certain attrait.

En débarquant d'Italie, Scudo débuta au *Siècle*, puis devint le collègue de Blaze de Bury à la *Revue des deux Mondes*, d'où, de 1847 à 1864, il répandit l'âpreté de sa bile sur les compositeurs qui n'avaient pas l'heur de lui plaire (2).

Sans justice ni mesure, vaniteux, verbeux, pédant et sentencieux, il essaya, au nom sacré du « bon goût », de régenter tout le monde, voulant imposer l'art de sa patrie, et plus ou moins proscrire les autres. En outre, comme l'a

----

(1) *R. des deux Mondes* du 1ᵉʳ avril 1883, 6. J.

(2) On a également de lui plusieurs ouvrages de critique : *L'art ancien et l'art moderne, Critique et littérature musicales*, etc.

très bien remarqué Duprez dans ses *Souvenirs
d'un chanteur* (1), il critiqua « tout ce que faisaient les vivants au profit de ce qu'avaient fait
les morts ». Quand il parlait de Berlioz ou de
Wagner, il était pris alors de véritables accès de
rage furieuse. On connaît sa phrase célèbre sur
eux : « Ces deux merles issus de la dernière
couvée de Beethoven. » Ce qu'il profère contre
la marche hongroise de la *Damnation de Faust*
sera un spécimen de sa partialité :

Quant à la marche hongroise qui termine la première partie, et dont le thème n'est pas de l'invention
de M. Berlioz, c'est un déchaînement effroyable de
tous les instruments et de tous les timbres sur un
rythme fortement accusé. L'idée principale est mal
préparée, mal conduite, et revient trop souvent; la
stretta qui en forme la péroraison, par l'amoncelle-
ment monstrueux des bruits les plus étranges, réveille
l'idée de la marche tumultueuse d'une horde de bar-
bares. Que cela est loin pourtant de la marche turque
des *Ruines d'Athènes* de Beethoven (2)!

Scudo avait une tendance à s'étendre beaucoup trop sur les interprétations, détail qui, en
définitive, demeure sans intérêt. Pourtant on
est dans l'erreur en ne considérant chez lui que
le conservateur fanatique, et en oubliant trop
vite ses belles pages sur Beethoven, Gluck,
Weber et Bach. Ce qui est exprimé en ces circonstances exceptionnelles n'était pas absolument neuf; il répète un peu Fétis. Il y a là,

(1) P. 258.
(2) *Critique et littérature musicales* (Paris, 1850), 288.

néanmoins, de bonnes actions dont sa mémoire doit bénéficier. De même ce parallèle entre Cimarosa et Rossini, sans trop s'approcher du parfait, n'est point, en revanche, sans quelques petites vérités :

L'orchestre de Cimarosa, sans avoir la plénitude et la variété de celui de Mozart, est peut-être le plus parfait qui existe dans le genre bouffe. Il est clair, nourri, pétillant de verve, d'esprit et de gaieté. Jamais il ne languit, il foisonne d'idées mélodiques et de piquants détails. Cimarosa n'emploie les instruments à vent qu'avec beaucoup de réserve; il est sobre de grossiers effets de sonorité si communs de nos jours; il veut plaire et charmer par le choix des motifs et la séduction de la forme, où l'on trouve la grâce et l'adorable fantaisie de l'Arioste.

Le Mariage de Figaro, le Mariage secret et le Barbier de Séville sont trois chefs-d'œuvre qui expriment trois nuances bien différentes de la nature humaine. Le rire de Mozart est un rire trempé de larmes, selon la belle expression d'Homère; celui de Cimarosa est le rayonnement d'un caractère heureux et d'une gaieté enjouée et sereine, tandis que le rire de Rossini est plein de malice et de causticité. Entre ces deux derniers maîtres, la différence est très grande, et ce n'est pas toujours à l'avantage du plus beau génie musical de notre siècle.

On sent que la gaieté de Rossini est fiévreuse et menaçante; il est à Cimarosa ce que Beaumarchais est à Molière : plus mordant que vrai, plus brillant que profond, et, en écoutant cette musique qui vous monte à l'esprit comme une liqueur chargée de gaz, on comprend que l'auteur est né dans un siècle de troubles et de tempêtes, tandis que le chef-d'œuvre de Cimarosa est ce fruit exquis d'un moment suprême de l'art, le cri joyeux d'une heure propice de la vie et d'un monde qu'on ne reverra plus (1).

Du reste, Scudo avait travaillé l'harmonie avec Chelard, et composé quelques romances. Bref, de sa demi-science, il savait parfois tirer un assez bon parti.

* *
*

Quatre autres littérateurs contemporains manquaient plus ou moins de connaissances techniques : Fiorentino, Jouvin, Azevedo et de Gaspérini. Ayant été très écoutés pendant un certain temps de leur carrière, nous avons à parler de chacun d'eux en particulier.

Un jour, au théâtre de Naples, un journaliste qui, dans un article, s'était permis des réflexions injurieuses sur un chanteur, est frappé au visage par celui-ci. Le journaliste, portant une canne à épée, dégaine, se met sur la défensive. Mais son adversaire s'empare de l'arme, la brise, et lui en jette les débris à la face, Or, le théâtre où la scène se passe, est considéré comme maison royale, et des peines sévères sont édictées contre quiconque s'y montre les armes à la main. Néanmoins, l'affaire est étouffée, mais à une condition : le délinquant devra quitter le pays qui est son pays. C'est ce qu'il fera, et il viendra chercher fortune à Paris. Là, notre homme sera le protégé d'Alexandre

(1) Tiré du même ouvrage.

Dumas père, entrera au *Constitutionnel* en 1849, et son talent l'élèvera au premier rang (1).

Fiorentino était le nom du héros de cette aventure, laquelle ne sera pour lui que le prélude de beaucoup d'autres, où il ne tiendra pas un rôle plus enviable.

En effet, Fiorentino jouit d'une réputation détestable, et tout le monde connaît l'histoire typique que l'on raconte sur lui. Meyerbeer, qui ne négligeait aucun moyen de faire réussir ses ouvrages, lui avait, pour se concilier ses faveurs, donné 1.000 francs au moment de l'apparition d'un de ses opéras. Quelque temps après, dans des circonstances identiques, il ne voulut pas atteindre à une telle somme, et ne lui remit que 500 francs. Alors, fort spirituellement, Fiorentino déclara, dans son feuilleton, que le nouvel opéra de Meyerbeer valait moitié moins que celui qui l'avait précédé.

N'en ayant point trouvé confirmation, je ne saurais décider si l'anecdote est vraie. Dans tous les cas, elle paraît vraisemblable; car, contrairement à ce qui s'est passé pour Fétis, nous avons ici des témoignages qui nous permettent d'affirmer que son principal personnage a pleinement mérité ce que l'on en pense généralement.

Fiorentino, prêt à n'importe quoi pour forcer la notoriété, s'étant créé des relations, jouissant d'une influence que l'on peut difficilement

(1) *Duprez, souvenirs d'un chanteur*, 209.

s'imaginer, exerçant, pour tout dire, une véritable fascination, était devenu un entrepreneur très achalandé des comptes-rendus musicaux. Sa vénalité se montrait tour à tour bienveillante ou malveillante, selon ce qu'on la payait. Pour lui, la critique était peut-être une religion; en tous cas, il estimait qu'elle devait grassement entretenir ses ministres, afin de leur permettre de satisfaire leurs appétits et leurs goûts.

D'ailleurs, il fut obligé de quitter le *Constitutionnel* à la suite d'un scandale (1). Il passa au *Moniteur*, où il signa A. de Rovray, puis à *la France*.

Si Fiorentino est poursuivi, de nos jours, par une aussi triste célébrité, il n'était pas mieux partagé de son vivant. Ainsi, rencontrant Verdi à la répétition d'une œuvre de ce compositeur, il lui tendit la main. Mais l'auteur d'*Aïda*, dont la fierté était très grande, ne répondit pas à l'avance qui lui était faite. Notre journaliste se vengea peu après, en maltraitant la pièce, son auteur et ses interprètes (2).

Inutile d'ajouter qu'il manquait complètement de dignité. Dans une occurrence, Duprez se trouva dans la pénible nécessité de lui intenter un procès en diffamation. La mesure inquiéta Fiorentino qui le fit indirectement savoir au célèbre chanteur. Celui-ci offrit alors de se désister s'il tenait une déclaration dans la-

(1) V. Pougin, ouv. cité.
(2) Duprez, ouv. cité, 175.

quelle le diffamateur se reconnaîtrait coupable. Ce dernier consentit et signa (1).

Comme critique, Fiorentino souffrait d'un défaut d'envolée artistique et d'un manque de sérieux ; mais il était, ce qui lui valut le succès, extraordinairement enjoué, spirituel et amusant. Sa faconde demeurait intarissable. De plus, il savait conter l'anecdote, et excellait dans les analyses de livrets.

Surtout dans ses entrées en matière, il donnait libre carrière à sa fantaisie. Telle est celle qui a trait au premier concert de la Société philharmonique, — créée par Berlioz, — et dont la lecture produira, chez les musiciens, une certaine gêne, causée par la sécheresse de cœur de celui qui l'a écrite :

Je me suis adressé souvent cette question : Que deviennent les violons, les cors, les bassons, les trompettes, les trombones, les musiciens, les choristes et les pianistes que le Conservatoire jette tous les ans sur le pavé de Paris? Où vont-ils? Que font-ils? Quel four à plâtre de Montmartre ou quelle carrière de Montrouge leur sert d'asile? Celui qui ne refuse pas la pâture aux petits des oiseaux a-t-il jamais pris soin de ces enfants perdus de l'harmonie?

Ce qu'ils font, ce qu'ils deviennent, je ne saurais le dire en vérité. Le fait est qu'ils ne sortent pas de Paris. On a vu des joueurs de harpe des Abruzzes faire le tour du monde. On a rencontré des *pifferari* calabrais dans les forêts vierges d'Amérique. Mais le musicien français n'est pas voyageur. Il vit caché dans un coin de la grande ville. Il végète, il souffre, il ne se plaint

(1) 209.

pas. Heureux quand il peut trouver une leçon d'accompagnement à dix sous le cachet. Plus heureux encore, quand il peut se faufiler dans quelque *Closerie des Lilas*, quelque *Prado*, quelque *Chaumière*. Que de révélations, que d'histoires touchantes n'avons nous pas recueillies sur ces existences modestes et paisibles, sur ces déshérités de l'art, dont tout le crime n'a été, après tout, que de remporter un premier prix dans les classes d'Alard, de Lecouppey, de Dieppo! Les plus déterminés, les plus braves s'enrôlent comme une troupe de partisans à la suite de quelque aventureux *condottiere* (je vous prie de croire que je prends le mot en bonne part : *condottiere* qui conduit l'orchestre), et font danser l'élite de la société parisienne, oubliant les privations du jour au milieu des splendeurs de la nuit. Les plus patients, les plus doux, attendent, sans la presser de leurs vœux, la mort de quelque grand personnage, de quelque compositeur illustre, pour aller chanter sur son cercueil le *Requiescat in pace*. Les uns et les autres passent leur vie dans la plus douloureuse abstinence, ne pouvant, hélas! ni dîner de l'autel, ni souper du théâtre.

Ç'a été donc une excellente idée, une pensée humaine, sage et féconde, que de réunir toutes ces forces éparses, de les organiser, de les discipliner, d'en former de grands orchestres et de grandes masses chorales... C'est rendre, du même coup, le plus grand service à l'art et aux artistes. C'est remplacer les concerts individuels, les matinées, les soirées musicales, qui n'étaient plus que de la mendicité déguisée, par de magnifiques séances où la foule accourt spontanément (1).

Nous connaissons tous des camarades malheureux auxquels l'existence s'est obstinée à ne point sourire. Fiorentino n'a pas saisi ce que le

(1) *Constitutionnel* du 19 fév. 1850.

spectacle de ces misères a d'émouvant et de triste. **M.** Jean Richepin, lui, l'a compris. Aussi en a-t-il tiré des pages touchantes, et non matière à plaisanteries.

Jouvin, compatriote de Berlioz, mais son adversaire, écrivit d'abord au *Globe*, en 1844; puis, dix ans après, en 1854, au *Figaro* (1). Ayant à partager ses occupations entre tous les théâtres, la musique tomba ainsi dans ses attributions. Une verve abondante et caustique, tel fut le trait distinctif par lequel il capta l'admiration.

Avec l'année 1867, étant devenu quotidien, le *Figaro* rompit avec l'usage établi de ne réclamer qu'à jour fixe les articles de critique, et les fit paraître le lendemain de l'apparition des pièces. On pourrait croire que Jouvin inaugura ce régime. Eh bien! l'on se tromperait. Ce fut un certain Eugène Tarbé.

Répondant à notre désir actuel de trouver, chaque matin, sur le plateau qui nous apporte le premier déjeûner, le récit des événements de la veille, l'administration de ce journal a, de la sorte, remplacé le feuilleton par l'article d'information. A peine introduite, cette nouvelle manière de procéder tendra de plus en plus à remplacer l'ancienne.

Le gascon Azevedo a fait partie de plusieurs rédactions, celles du *Siècle*, de la *France musi-*

(1) Pendant longtemps il signa Benedict.

cale et principalement de l'*Opinion nationale,* de 1859 à 1870, où il a conquis l'oreille du public (1). Par-dessus tout il aimait l'art italien, allant, par exemple, jusqu'à expliquer que le *Stabat* de Rossini — aussi beau de forme que profane d'inspiration — est un modèle de musique religieuse (2)! Il tolérait Auber, mais pas beaucoup Meyerbeer, Halévy, ni Gounod.

Au fond, il n'était qu'un médiocre se faisant remarquer par un tempérament batailleur. Rarement on verra un être aussi combattif et agressif.

Mentionnons enfin de Gaspérini, un ancien officier de marine, à la *Nation*, à la *Liberté*, au *Ménestrel*, et, de 1861 à 1867, au *Figaro*. En 1866, avec des indications recueillies de plusieurs côtés, il arrive à façonner un livre passable, *Richard Wagner*, dans lequel il se fait l'avocat véhément du fameux novateur. Il n'y aurait rien de plus à en dire.

Il reste à nous occuper de ceux des écrivains qui, pendant la période que nous considérons, possédèrent, à un dégré quelconque, des connaissances musicales réelles. La revue en sera bien vite passée, et l'on devine de suite que la cause de cette concision sera le manque de matière à traiter.

(1) Il a écrit aussi de mauvais livres, *les Doubles croches malades*, etc.

(2) *Opinion nat.*, du 22 mars 1864.

D'abord Adolphe Adam, l'aimable compositeur. A partir de 1840, il adressa, suivant l'occasion, des articles à la *Revue musicale* et à quelques autres publications. La plupart de ces feuilles éparses furent réunies dans les *Souvenirs d'un musicien* et les *Derniers souvenirs d'un musicien*. Le littérateur s'y montre assez habile; mais, presque toujours, la pente de son esprit l'entraîne plutôt vers la fantaisie et l'anecdote singulière que vers la saine critique. En présence de la musique de ses confrères, une partialité invraisemblable le frappe tout à coup de cécité. Il suffira, pour pénétrer cet état d'esprit, de lire sa correspondance récemment publiée (1).

Hippolyte Prévost, le chef du service sténographique du Sénat sous l'Empire, esprit très distingué, a également tenu, dans la critique musicale, une certaine place. A la vérité, ses connaissances techniques n'étaient pas complètes, mais il savait les mettre en œuvre. Répartissant ainsi son activité entre deux champs d'action différents, il tenta d'établir un lien entre eux, et proposa une manière d'écrire la musique d'une façon rapide, une sténographie musicale (2).

(1) *Rev. de Paris* d'août, sept. et oct. 1903.

(2) J'ai, par ailleurs, tenté d'expliquer comment cette méthode ne constituait qu'une utopie, dont l'intérêt n'était cependant point tout à fait absent. (*Feuillets d'hist. music. française.*)

Prévost n'était pas aimé dans le monde parlementaire, où ses relations peu cordiales ont laissé des souvenirs non enviables. Chose remarquable, on ne retrouve pas, dans ses articles, cette regrettable manière d'être, même dans le cas particulier où celle-ci aurait pu naturellement s'exercer. Par exemple, ses préférences n'allaient pas au talent de Berlioz, et cependant il s'exprime sur la *Damnation* dans des termes somme toute fort acceptables, dont voici quelques extraits :

Après une seule audition de la *Damnation de Faust*, il est impossible de dire notre dernier mot sur une aussi étrange et aussi curieuse exhibition musicale... Quelques mesures d'un caractère rêveur, confiées à l'orchestre, ont été remarquées à la sortie de Faust et de son compagnon d'enfer de la taverne enfumée... Il est encore plusieurs autres pages instrumentales qui, pour être romantiques, excentriques dans leur conception, n'en ont pas moins vivement piqué, charmé l'auditoire. Ainsi le galop fantastique de Faust et de Méphistophélès sur les deux cavales noires qui volent au travers de l'immensité du temps et de l'espace pour s'abîmer au terme de la course dans le gouffre de l'enfer, est un tableau d'une saisissante vérité... Mais à part le trio final qui a surpris par sa marche mélodique, facile et vulgaire, sorte d'oasis dont l'aridité du désert fait seul, par opposition, la beauté, rien, dans la partie vocale, ne nous paraît écrit selon les règles de l'art, c'est-à-dire selon les convenances des chanteurs... Malgré les répugnances que soulève en nous, sous le double rapport du sentiment et de la raison, la tentative musicale poursuivie avec tant de persévérance et d'énergie depuis vingt ans par M. Berlioz, nous serions désolé de contribuer à faire dévier d'une semelle de sa route ce hardi chercheur, ce novateur infatigable (1).

Donc, pas la moindre trace de malveillance chez ce conservateur progressiste. Cette disposition le rendait apte à juger avec équité, ce qu'il faisait généralement. Le seul reproche à lui adresser serait un ton fréquemment sentencieux. Cette attitude, il la tenait vraisemblablement de sa situation particulière de chef remarquable et très écouté d'une importante école sténographique, dont la brillante existence se continue encore.

En 1833, parut un livre intitulé : *Le Balcon de l'Opéra*, et, dans l'introduction, on lisait ceci :

L'auteur a foi en l'art, et voici de quelle manière il entend cette foi : il croit que l'art est un élément social ; il est pleinement convaincu, que dans un siècle vide de foi, de croyances, d'amour, où les intelligences flottent au hasard sans lieu et sans but communs, sans doctrines qui les retiennent et leur servent de règle, l'artiste exerce un sacerdoce et le critique un apostolat (2).

Celui qui envisageait de si haut les devoirs du critique, s'appelait d'Ortigue, et sa signature figurait depuis deux ans dans la presse. C'était un jeune magistrat venant de quitter la carrière judiciaire pour s'adonner complètement à la musique, qu'il avait sérieusement étudiée, qu'il

(1) *Moniteur* du 15 déc. 1846.
(2) P. VIII.

aimait par-dessus tout. Le nouvel arrivant sut bientôt conquérir un rang très honorable.

Outre des ouvrages théoriques, d'Ortigue a publié des études dans de nombreux journaux, principalement à la *Gazette musicale*, à la *Revue des Deux-Mondes*, au *National*, et, de 1852 à 1866, aux *Débats*. On peut dire de lui que la besogne consciencieusement accomplie a été sa dominante, et qu'il en est découlé une certaine lourdeur, surtout à l'instant des explications techniques. Il s'est placé, par conséquent, aux antipodes de Fiorentino. Sa tenue générale est tout à son honneur, et n'étaient quelques légères méprises, on pourrait la donner en modèle.

Ses titres à l'admiration sont réels. Ainsi qu'il l'a rappelé lui-même (1), il a été le premier à faire des analyses de musique de concert, symphonies et quatuors, de même que la chose se passait pour la musique de théâtre. Ajoutons tout bas qu'en l'espèce, il n'a pas immédiatement réussi, et que ses pages sur les symphonies de Beethoven sont bien médiocres (2). Devant ces chefs-d'œuvre, il ne demeura pas insensible ; il en comprit la portée immense ; mais, au moment délicat des commentaires, il fut malhabile. Enfin, l'intention était bonne, et l'initiative excellente.

D'Ortigue a rendu des services éminents à l'art musical en qualité d'adversaire inlassable

----

(1) Id., P. VII.

(2) Id., 356. Ne perdons pas de vue que Berlioz n'est venu qu'après lui dans cette voie.

de l'invasion italienne, et de la situation beaucoup trop importante conquise par les virtuoses. Voyez la façon dont il traite ces derniers :

Le chant dévore la musique. Le compositeur peut se dispenser de faire une œuvre musicale; il n'a qu'à disposer un thème propre à faire briller le chanteur; il peut se passer de génie, si le chanteur en a. Le musicien et la musique ne sont rien, l'exécution et les exécutants sont tout. On ne va plus entendre Mozart, Cimarosa, Rossini; on va entendre Mlle Sontag, Rubini, Mmes Pasta, Malibran (1).

En outre, — ce qui décèle de véritables qualités de perspicacité, — parmi les premiers, peut-être même le premier, d'Ortigue a exactement déterminé la nature du talent composite de Meyerbeer. Josquin Després, Palestrina, Haendel et Cimarosa ont rencontré en lui un avocat passionné, et l'auteur de la *Damnation* un partisan convaincu. Il faut l'entendre au sujet du reproche d'absence de mélodie, particulièrement adressé à celui-ci :

Toutes ces choses sont des mélodies, ce nous semble, et ce n'est pas assurément au moyen d'un procédé différent que nous constatons ce qu'il y a d'idées mélodiques dans Gluck, dans Mozart, dans Beethoven, dans Cimarosa, dans Weber, dans Rossini même...

Il nous semble donc que, sous le rapport de la mélodie, M. Berlioz est doué d'une puissance réelle; mais cette faculté n'est pas reconnue de prime abord, soit parce que, chez ce compositeur, elle s'exerce beaucoup moins dans l'intérêt particulier du chanteur que dans l'intérêt général du sens et de la vérité dra-

(1) Id.. P. 184.

matique ; soit parce que les auditeurs sont dépaysés par les formes mêmes de la mélodie et les formes du travail harmonique dans lequel elle est enlacée ; soit enfin parce qu'on se fait des notions tellement fausses de cet élément, qu'on ne donne plus le nom de mélodie à des chants d'une extrême simplicité, ou dont l'harmonie est quelquefois fort compliquée (1).

Il est certain que l'on ne pouvait mieux s'exprimer.

Uniquement par question de principe, il n'admettait pas la présence de la symphonie dans le drame. Aussi n'aimait-il pas beaucoup Wagner ; mais il s'explique alors sur son compte avec mesure (1).

Bref, je le répète, d'Ortigue, pour l'époque, était presque un modèle de critique.

* *

Nous voici rendus à un moment d'arrêt. J'ai choisi, en effet, comme ligne de démarcation approximative, l'année 1880, époque à partir de laquelle l'œuvre de Wagner commencera la conquête de la France, provoquera des analyses qui entraîneront un immense mouvement d'opinion. Alors la critique musicale entrera dans une nouvelle phase.

Il y aurait encore d'autres noms à citer après ceux que je viens d'énumérer ; mais comme ils ont également brillé postérieurement à cette année-là, leur existence s'est partagée entre

(1) *Du Théâtre italien* (1840), 63 et 65.
(1) Par exemple dans les *Débats* du 23 mars 1861.

les deux régimes. Je préfère ne pas les examiner en ce moment, pour les ranger dans la
partie contemporaine de notre étude.

CHAPITRE IV

Esquisse de la critique musicale contemporaine

La critique musicale a suivi la loi commune : d'abord faible et balbutiante, elle a, avec l'action, grandi, pris des forces. Les principes de goût, très généraux, très vagues, ont, peu à peu, cédé le pas à des idées plus précises. Nous nous sommes arrêtés à l'année 1880, alors qu'elle venait de notablement s'enhardir.

Cette approximative ligne de démarcation m'a semblé suffisamment marquée par les premiers symptômes de l'afflux d'études sur l'œuvre de Wagner. La manifestation, dans son ensemble, n'étant pas restée sans utilité, son caractère ne saurait nous échapper.

Cette littérature wagnérienne brille plutôt par le nombre que par la qualité (1). C'est là une réelle infériorité, dont voici quelques causes :

Dans cette voie, l'on ne rencontre pour ainsi dire que des thuriféraires et presque point de critiques véritables. Le compositeur favori de ces écrivains — dans le noble génie duquel la

(1) A l'heure actuelle, une cinquantaine d'auteurs ont écrit sur Wagner en général. On en compte une douzaine sur chacun de ses drames lyriques.

postérité ne démêlera certainement pas tout ce
que certains ont déclaré y apercevoir — devenait, pour la plupart d'entre eux, une sorte de
divinité, non seulement parée de tous les avantages, mais encore absolument indemne de la
plus petite défaillance. Comme le disaient
quelques-uns : « Wagner, c'est la beauté totale. »

Un semblable manque de jugement est dé-
plorable. Aussi quiconque ne connaît pas ces
dithyrambes dédaigneux de la simplicité, im-
placablement grandiloquents, ne se figurera
jamais jusqu'à quelles limites invraisemblables
atteint l'extravagance.

Ici, l'on affirme gravement que l'exécution
de certains passages du maître de Bayreuth
engendre telle odeur, perçue très nettement
par le nerf olfactif. N'insistons pas ; ce sont des
névroses.

Là, telle autre page du même auteur ferait
subitement pousser un rideau de peupliers
devant nos yeux émerveillés. Il faut se demander pourquoi il s'agit alors de peupliers, mais
point de bouleaux ou de chênes. Comme si la
musique pouvait spécifier les essences d'arbres !
Voilà incontestablement des infortunés, dont
la raison, désagrégée sous les secousses répétées de la maladie, est hantée par l'hallucina-
tion.

D'autres — mais des mystificateurs tout
simplement, ceux-là — proclament que la puissance évocatrice de Wagner était telle qu'il
arrivait, avec un accord, un seul accord, à faire

surgir, dans l'imagination de l'auditeur atten-
tif, un motif conducteur. Sans être curieux,
on désirerait bien connaître, néanmoins, le
procédé magique qui permet d'embouteiller
une mélodie dans l'unique frappé de quelques
notes, et cela de façon que cette mélodie soit à
la fois absente et présente. Il y a là un tour de
force qu'une faible intelligence n'arrive point à
concevoir.

Néanmoins, derrière ces choquantes exagérations, égayées de quelques niaiseries, commence à se dessiner le rapprochement de la
musique et des hommes de lettres. Depuis ce
grand mouvement, un nombre fort imposant
de ceux-ci aime sérieusement cette branche de
l'art.

Telle est, dans cette pléthore de la production critique, et dans ce loyal changement de
front des littérateurs, le double trait saillant de
la période contemporaine.

*
* *

Signalons deux autres particularités.

D'abord, sur le programme distribué dans la
salle de concert, la mention de chaque morceau est maintenant suivie de courtes indications, où la critique se montre quelquefois. On
explique ainsi au public la portée de l'œuvre
qu'il va lui être donné d'entendre.

Si l'éducation musicale a beaucoup évolué,
s'est perfectionnée, si la musique pénètre de

plus en plus les couches de la société, cet usage didactique est assurément pour quelque chose dans l'heureux résultat.

Le procédé, si simple et si ingénieux, remonterait, paraît-il, au xviiie siècle, et viendrait de nos voisins les Anglais (1). Ce peuple, en effet, en sa qualité de grand excursionniste, a un faible particulier pour ce qui conduit immédiatement à l'endroit voulu, en particulier pour le guide du voyageur, avec lequel, d'ailleurs, on ne risque point de passer à côté d'une curiosité sans en être avisé.

Cette notice analytique a fait son apparition en France dans la première moitié du xixe siècle, avec certains ouvrages romantiques qualifiés de « musique à programme », à commencer par la *Symphonie fantastique* de Berlioz, en 1828, au Conservatoire (2).

Bien entendu, elle n'était utilisée qu'exceptionnellement. Elle le fut d'une manière un peu plus suivie, mais toujours intermittente cependant, par Pasdeloup, dans ses Concerts populaires, à partir de 1861.

L'usage régulier du programme analytique commencera en 1879, aux Concerts populaires d'Angers, deux ans après leur fondation. La capitale n'y recourra que dix années plus tard, en 1889, le Concert Colonne prenant la tête du

(1) Mentionnons pourtant que, chez nous, dès 1786, Lesueur, alors maître de musique à Notre-Dame, y avait recours pour l'audition de ses oratorios.

(2) J'ai pu constater le fait dans la collection de programmes que possède la Bibliothèque du Conservatoire de Paris.

mouvement, bientôt suivi par celui du Conservatoire, en 1892.

Cet usage a donné lieu à un néologisme. On appelle « programmiste » celui qui rédige ces sortes de notices. Tout d'abord celles-ci étaient anonymes. Ensuite l'on se contentait d'y faire figurer ses initiales. Maintenant, quand l'écrivain est connu, il signe de son nom.

Ces programmes analytiques sont restés bien longtemps fort médiocres. On est arrivé à les soigner de plus en plus, et certains y déploient un véritable talent. Dans le genre, la palme revient incontestablement à M. Charles Malherbe, archiviste de l'Opéra, dont la variété de savoir et la perfection de forme sont, depuis 1898, appréciées par les habitués du Concert Colonne. Ceux-ci rencontrent fréquemment des passages de cette valeur :

A la différence de ses contemporains, Berlioz, en effet, ne prend pas Haydn pour modèle; il ne procède même pas de Beethoven, dont il est pourtant l'admirateur convaincu. Aussi n'écrit-il point de symphonies proprement dites. Il pourrait presque passer pour le précurseur de Liszt, en ce sens que la *Fantastique*, *Harold*, *Roméo* semblent plutôt de vastes poèmes symphoniques en plusieurs parties; ce sont les produits d'un art particulier et personnel, où la vivacité du coloris est plus en jeu que la pureté de la forme, où le programme s'impose, où le développement est, si l'on peut dire, presque plus littéraire que musical. En même temps il enrichit l'orchestre, et en tire des effets dont ses successeurs n'ont pas manqué de se souvenir, mais dont le mérite lui revient. Il personnifie le Romantisme dans cette revue rapide de la symphonie ; il remplit l'intervalle qui sépare l'ancienne école avec son joug tyrannique et l'école moderne avec sa libre indépendance ; il résume une époque et, par son génie, demeure entre les compositeurs français, sinon le seul, du moins l'un des plus grands.

On peut certes appeler M. Malherbe « le roi des programmistes ».

Autre particularité de la période contemporaine :

Beaucoup de compositeurs font, avec un bonheur variable, profession de critiques musicaux.

Ce n'est que la manifestation particulière d'une tendance générale qui porte des ouvriers de la pensée à écrire sur l'art qu'ils cultivent. Ainsi, chez les peintres et les sculpteurs, nous voyons MM. Jean Baffier, Jules Breton, Eugène Carrière et Maurice Denis disserter sur les personnes, les choses et les événements de leur métier.

En ce qui concerne les musiciens, une cause supplémentaire aide à grossir les rangs dont nous parlons. On sait que les débouchés s'offrent minimes et peu nombreux devant les compositeurs Par suite, certains de ceux-ci, ne voulant pas laisser leur plume inactive, préfèrent l'occuper à une besogne littéraire, à laquelle ils ne l'avaient point d'abord façonnée.

*
* *

La critique musicale paraît actuellement si peu satisfaisante qu'il ne semble pas bien nécessaire de revenir et de s'étendre sur un état trop connu de tous. Elle devrait constituer une parure intellectuelle qui communique un certain lustre, alors qu'il n'en est rien, parce que le public a été conduit à prendre de la méfiance.

La situation est navrante surtout en dehors de Paris et des grands centres de la province. Dans les petites localités, les fonctions de juge sont confiées au premier venu, sans tenir compte de sa valeur professionnelle et morale. Aussi les grossières méprises ne se comptent-elles pas davantage que les sourires faux, les gestes indécis, les paroles cauteleuses, et les regards alourdis de bêtise.

Dans la capitale et quelques grandes villes, le tableau est moins sombre. Certes le critique y est encore choisi plus par relations que par égard pour ses capacités. Le directeur de journal, ne se doutant même pas des qualités qu'il devrait rechercher, se contente de préférer celui des postulants « qui joue du piano », et s'imagine avoir ainsi fait tout le nécessaire (1).

En conséquence, parfois on rencontre, là également, la besogne fade, et l'article d'ignorant, ainsi que, dans le cadre de leurs guichets, des visages sur lesquels sont plaqués la méchanceté, la fourberie, la félonie et le vice. Mais l'attitude générale y reste plus intelligente, et,

(1) A la vérité, ceux qui causent sur la musique, le font dans des proportions inégales, car on distingue actuellement dans la presse non seulement le critique et le feuilletonniste, mais le soiriériste, le courriériste et le chroniqueur. Ces trois dernières fonctions, en somme, n'en font qu'une.

en dépit de l'esprit de lucre qui est ancré dans les
mœurs du journalisme, un peu plus réservée.
On sait davantage régir le sentiment public,
et on y apporte quelque forme. La science technique, la conscience et la probité s'y montrent
plus fréquemment.

Entre les divers incidents qui, au point de
vue auquel nous nous plaçons en ce moment,
ont, dans ces dernières années, plus ou moins
marqué dans les annales de notre critique,
nous n'en retiendrons qu'un seul.

On sait qu'à l'apparition d'une nouvelle
œuvre théâtrale, chaque critique reçoit du
directeur de l'entreprise, afin de bien étudier
ce dont il devra parler, deux billets d'entrée,
un pour la répétition générale, l'autre pour la
première représentation. Or, en 1902, à la
Gaîté, aussitôt après contact avec le public, les
auteurs d'un opéra-comique décidèrent d'en
modifier quelques détails. Certains journalistes,
faisant du billet qui leur restait, un usage qu'il
ne m'appartient pas d'approfondir, ne vinrent
pas à la première représentation, ignorèrent
par suite les changements qui venaient d'être
apportés, et discoururent avec complaisance
sur ce qu'ils croyaient exister encore.

Un scandale éclata, tel qu'à l'assemblée
générale de la Société des auteurs et compositeurs, la proposition fut faite de supprimer à
la presse le service des répétitions générales,
et qu'elle fut votée. Les directions théâtrales,
en conséquence, n'invitèrent plus la critique

que pour la première représentation. Alors le
Syndicat de la critique entra en scène, et protesta si vigoureusement qu'une entente amiable
intervint entre les intéressés. Dès l'année suivante, tout rentra dans l'état de choses antérieur. En somme, de l'aventure il découla une
bonne leçon, dont le journalisme profitera,
espérons-le (1).

*
* *

Beaucoup se préoccupent de cette situation
regrettable dans laquelle s'est enlisée la critique
musicale, ou, pour mieux dire, la critique en
général, et ils traduisent leurs mécontentements
et leurs désirs par des articles ou de courtes
réflexions semées au courant de la plume. On
n'en est pas resté là, et on a recouru aux deux
procédés actuellement en usage pour les solu-
tions d'intérêt général qu'il s'agit de dégager :
l'enquête et le congrès.

En 1899, la *Revue d'Art Dramatique* a ou-

(1) N'oublions pas un autre événement encore plus bizarre.
Il consista en une action dirigée non pas contre la critique
musicale exclusivement, mais dans laquelle cette institution
se trouva englobée.

Il y a plusieurs années, un gros industriel, enrichi, dans
des proportions invraisemblables, par une spéculation que la
morale ne saurait approuver, sonda toute la profondeur de
son succès de mépris, et voulut enfin s'attirer la sympathie.
Son dessein fut de couvrir d'une égide protectrice une entreprise théâtrale. Pour se concilier de gros organes de la presse
quotidienne, il eut alors une idée géniale : au lieu d'une
somme donnée une fois pour toutes aux journalistes spécialement visés, il fit les choses royalement, et les dota d'une
rente viagère.

La mesure fut ébruitée doublement : par les aveux réjouis
de plusieurs de ceux qui en bénéficièrent, et parce que de
belles pécheresses, plus ou moins abandonnées, entr'ouvri-
rent leur tiroir de confidences fanées.

vert, auprès de quelques notabilités de la presse, de la littérature et des arts, une enquête portant sur les trois points suivants (1) :

« La critique sérieuse ne devrait-elle pas rendre compte des pièces cinq ou six jours après leur apparition seulement ?

« De simples reportages pour le lendemain ne suffiraient-ils pas ?

« Ne vaudrait-il pas mieux supprimer toute critique ? »

Défalcation faite de quelques excentricités, erreurs ou illogismes, voici la thèse que l'on peut dégager des résultats de cette consultation (2) :

Il serait préférable de maintenir, tous deux étant également bons, le compte-rendu rapide et le feuilleton. Le premier genre sera l'apanage de l'intuitif, du primesautier, le second, de l'esprit réfléchi qui préfère l'étude reposée. Le goût et l'aptitude devront montrer à chacun la route à suivre (3).

Cette thèse est fort juste, ce qui n'étonnera pas avec les personnalités interrogées en la circonstance.

Au Congrès international de musique, tenu au Palais des Congrès de l'Exposition Univer-

______

(1) P. 161 et 241.

(2) Au chapitre suivant, nous aurons à revenir sur diverses parties de cette enquête.

(3) Je me permettrai d'ajouter que le feuilleton musical hebdomadaire offre l'avantage de tenir le gros public au courant de ce qui concerne notre art, de lui annoncer notamment les livres et les morceaux nouvellement parus.

selle de 1900, le problème fut posé sous cette forme :

« Etant donnée l'influence que la critique peut exercer sur le développement de l'art musical, n'y a-t-il pas lieu d'émettre un vœu relatif à la manière dont elle s'exerce ? »

M. Paul Milliet, auteur dramatique et directeur du *Monde Artiste*, présente un rapport dans lequel il déclare que la matière est plutôt spéculative, mais qu'il importe cependant que les fonctions dont s'agit deviennent moins faciles dans l'avenir; qu'en conséquence il y aurait quelque chose à faire au point de vue pratique. Il exprime notamment le désir « que la critique, sans se borner exclusivement à des procès-verbaux, ne juge pas trop au fond les qualités des créateurs; qu'elle se contente d'être comme le reflet des opinions éparses, impersonnelles; enfin que ses représentants soient toujours des hommes de métier, s'appliquant, après école faite, à établir la moyenne du goût, seule mesure applicable au talent. »

Finalement il soumet au Congrès le vœu suivant, qui est adopté :

« Le Congrès émet le vœu que les directeurs des organes de la Presse française et étrangère, et l'Ecole du Journalisme, fondée récemment, s'entendent pour réglementer les fonctions de la critique musicale (1). »

M. Milliet a reçu un commencement de satis-

(1) *Procès-verbaux du Congrès,* p. 15.

faction, car, à l'Ecole du Journalisme. l'une des sections de l'Ecole des Hautes Etudes Sociales, il existe maintenant un cours de critique musicale, en plus de celui de critique dramatique.

Au reste, on ne saurait trop applaudir à ces tentatives répétées de mettre toutes les critiques dans le droit chemin, d'autant que les résultats en sont appréciables. Oui ! à travers les entreprises intermittentes de l'ignorance et du savoir, de l'indélicatesse et de la probité, à travers ces multiples rencontres d'incidents qui s'annulent on se renforcent, on peut voir les efforts de la logique, de l'art et de l'honnêteté produire des effets. Le filtrage se fait entre les défauts qui disparaissent, et les qualités qui demeurent. L'empire des sots et des coquins diminue peu à peu, bien que lentement.

Il est à souhaiter qu'entre les réformes proposées, l'une surtout aboutisse au plus vite. Chaque critique devrait payer sa place de spectacle, car, ainsi, aucune faveur ne lui étant plus réservée, il resterait particulièrement à son aise pour exprimer bien nettement ce qu'il pense. Cela lui éviterait enfin la démarche un peu ridicule, en somme, de mendier des billets.

Et, du même coup, la presse serait débarrassée de cette légion d'écrivains qui ne figurent dans ses rangs qu'afin d'entrer gratuitement au théâtre et au concert. Ceux-là, deux aiguillons les stimulent : l'avarice ou la coquetterie d'être dispensés de mettre la main au porte-monnaie.

*
* *

Nous arrivons à l'instant où il s'agit d'examiner la critique musicale contemporaine dans sa signification exacte, dans sa pensée réelle, en conséquence de passer en revue les types divers qu'elle réunit : frondeurs, conservateurs, fantaisistes et délégués de coteries.

La tâche semble particulièrement délicate, car il est fort difficile d'apprécier un organisme vivant au milieu de son développement, surtout de juger ceux qui jugent en enflant la voix, pleins d'autorité, admirés par la foule. Néanmoins, cette tâche, je n'hésite point à l'entreprendre, et avec l'intention bien affichée de parler sans réticence aucune.

Oui! la vérité doit toujours être confessée, sans souci de plaire aux uns, sans crainte d'attrister les autres, car non seulement c'est une question de loyauté, mais l'intérêt général y est engagé. Dissimuler, alors que l'on n'y est point absolument forcé, c'est obéir à un motif peu avouable, ou manquer de volonté, ou être dépourvu d'intelligence.

En la circonstance présente, lorsque les personnes escortent leurs idées, certaines mesures doivent être observées. Je ne l'ignore point, et tâcherai de m'en souvenir, puisqu'il serait indigne de chercher à exciter la passion du lecteur, et maladroit d'amoindrir sa thèse par des expressions regrettables.

Au surplus, que l'on ne se méprenne pas sur la portée de mes intentions. Je ne m'érige point en tribunal, n'intente de procès à personne. Mon but n'est pas davantage de combattre, de faire de la polémique, mais d'étudier. En d'autres termes, — car il importe que le moindre doute ne subsiste pas, — ce travail a un but impersonnel.

*
* *

L'observateur, voyant les divers types de critiques musicaux qui semblent se presser en grand nombre autour de lui, en éprouve d'abord un embarras. Puis, examinant avec patience les caractères distinctifs de chacun d'eux, il s'apercevra bientôt que cette apparente complication peut être simplifiée en six catégories allant deux par deux : compositeurs littérateurs, et compositeurs non littérateurs; musiciens littérateurs, et musiciens non littérateurs; littérateurs non musiciens, et littérateurs musiciens intuitifs.

Les mots ainsi employés conservant leur sens usuel, je n'estime pas qu'il soit utile d'en rappeler la définition. Je préciserai seulement que par « littérateur », j'entends celui qui attache une importance particulière à la forme de son discours, qui s'arrête plus au contenant qu'au contenu.

Ces indications générales énoncées, voici un tableau traçant la route à suivre, ce qui nous

permettra d'aller droit au but. Pour le constituer, je n'ai choisi, afin de simplifier et de faci-
liter les démonstrations, que ceux de nos aris-
tarques qui me paraissaient représentatifs d'un
genre déterminé.

COMPOSITEURS

Littérateurs	*Non littérateurs*
MM.	MM.
Bruneau.	Debussy.
Saint-Saëns.	Fauré.
	Joncières.
	Rousseau.

MUSICIENS

Littérateurs	*Non littérateurs*
MM.	MM.
Bellaigue.	Pougin.
Laloy.	Soubies.
Malherbe.	

LITTÉRATEURS

Non musiciens	*Musiciens intuitifs*
MM.	MM.
Combarieu.	de Fourcaud.
Mendès.	Gauthier-Villars.
	Lalo.
	d'Udine.

Compositeurs Littérateurs,

M. Alfred Bruneau.

M. Bruneau, dont les articles, après avoir été, pendant quelque temps, réservés au *Figaro*, le sont actuellement au *Matin*, est marqué de trois particularités. Ces particularités, très accentuées, sont les suivantes :

Dès l'instant qu'un jugement musical doit être formulé par lui, la littérature s'implante à tel point dans son esprit qu'elle en chasse impitoyablement la musique. On ne devinerait jamais que celui dont il émane est un compositeur de valeur, dont les convictions artistiques ne paraissent pas douteuses. Voyez, dans cette page relative à *la Walkyrie* de Wagner, choisie au hasard, combien notre art est négligé, comment il n'occupe pas la place légitime qui lui revient (1) :

Au troisième acte, la toile se lève sur la chevauchée des Valkyries. Au sommet d'une montagne rocheuse se réunissent les neuf vierges. Voici Brunnhilde portant Sieglinde et brandissant les deux tronçons du glaive précieux. Sieglinde ne doit pas périr; en son sein est Siegfried, qui reforgera l'Epée. Et, aussitôt, le thème du héros joyeux, de l'enfant ignorant court dans l'orchestre. Voici Wotan : furieux d'abord et pleurant enfin des larmes d'une infinie désolation, le dieu proclame la sentence qui sera pour lui l'effroyable

(1) *Musiques d'hier et de demain*, 13.

châtiment. Brunnhilde, la plus chérie de ses filles, doit être punie de sa désobéissance; entourée d'une barrière de flammes, déchue de sa divinité, elle dormira jusqu'au moment où un héros, franchissant l'obstacle, viendra la réveiller. Ah! la mélodie qui s'élève alors et qui chante, en sa prodigieuse ampleur, l'immense et suprême embrasement! Ah! la gravité si émue des dernières paroles, bientôt étouffées sous le motif tortueux de Loge, dieu du feu! Et l'épanouissement de l'incendie final, traversé par le thème si fier de Siegfried, futur libérateur de la Valkyrie, et l'évanouissement de ces sonorités féeriques, tandis que la lente descente du rideau nous arrache au plus sublime des spectacles!...

Cet oubli dans lequel la musique est maintenue, s'explique quand on constate la préoccupation tyrannique de l'auteur d'imiter la manière du célèbre écrivain Zola. M. Bruneau réussit d'ailleurs dans ses efforts, car il est arrivé à se faire jusqu'à la tête de ce romancier. Tout cela décèle une faculté peu commune d'assimilation.

Ensuite M. Bruneau s'affiche intransigeant dans ses principes, alors que son attitude ne répond guère à cette profession de foi si hautement proclamée. Ses livres, constitués de ses divers comptes-rendus reliés par un titre, sont accompagnés chacun d'un avant-propos rempli de vibrations de ses intentions belliqueuses. On s'attend, en conséquence, à des opinions hardies et tranchantes. Il n'en est rien; au cours de l'ouvrage, l'éloge est partagé entre tout le monde avec une régularité presque mécanique (1). A des remontrances que lui permettrait sa situation éminente, et auxquelles il n'est certainement point sans penser, l'auteur du *Rêve* préfère des compliments habiles.

Pourtant certains de ses dires montrent qu'il possède quelques-unes des qualités du bon arbitre. Aussi bien est-il toujours regrettable de ne pas voir mieux utiliser des dons naturels et acquis.

La troisième particularité de M. Bruneau consiste en ce qu'il nourrit l'ambition de passer pour un érudit, alors que ses connaissances en histoire musicale sont demeurées plus que très sommaires. Cette préoccupation d'être considéré comme un bel esprit s'est portée, un beau jour, jusqu'à l'hypertrophie. Voici en quelles circonstances... je puis dire solennelles :

Membre de la Commission des grandes auditions musicales de l'Exposition Universelle de 1900, le suffrage de ses collègues lui avait confié les fonctions de rapporteur. La manière la plus naturelle de remplir cette mission consistait à présenter une sorte de procès-verbal des travaux de cette délégation, à raconter plus ou moins succinctement ce qui s'était passé. Mais lui voulut procéder d'une façon différente, s'improviser historien. Il le devint, en effet; mais au prix de lacunes, d'erreurs et de comparaisons inexactes, en répétant, dans un style extraordinairement artificiel, ce que savent ceux qui ne

(1) *Musique d'Hier et de Demain* et *la Musique Française.*

savent pas (1). Ses compliments traditionnels
furent épandus sur les principaux compositeurs
français, et un seul, bien entendu, ne reçut
pas de palmes : le signataire du rapport.

Ce qui achève de donner du piquant à ce
travail administratif, c'est que les tirades historiques, puisées dans les plus médiocres des
manuels, sont émaillées, à chaque pas, de cette
expression : « Monsieur le Ministre », dont
l'effet est réussi. A ceux qui remplissent cette
double condition de bien connaitre l'histoire
musicale française, et d'aimer la gaité, je me
permets de recommander la lecture de cette
page fantaisiste et facile.

En résumé, la critique musicale de M. Bruneau n'offre rien de critique, ni de musical. De
plus, avec sa lourdeur, elle rappelle un peu la
littérature d'instituteur primaire en mal d'éloquence.

M. Camille Saint-Saëns

Une exégèse de M. Saint-Saëns est toujours
une bonne fortune pour le public; mais on ne
peut s'accoutumer à ce genre de plaisir, car il
nous est offert bien rarement. Les plus impor-
tantes de ses études, presque toujours critique
générale ou critique esthétique, ont été grou-
pées par leur auteur dans *Harmonie et Mélodie*
et dans *Portraits et Souvenirs*. Elles ont exercé
une certaine influence sur notre génération, à

(1) Voir la *Musique Française*.

tel point que des doctrines émises par lui autrefois — par exemple l'effort vers la simplicité, en réaction contre la complexité wagnérienne — sont maintenant celles de certains musiciens avancés. C'est assurément lui qui a surtout contribué au revirement d'opinion auquel nous assistons aujourd'hui, et dont il sera intéressant de suivre, plus tard, les étapes. Sans ambitionner le rôle de chef d'école, il a voulu cependant diriger ses confrères et ses contemporains (1).

M. Saint-Saëns possède un esprit conservateur et un bon sens extraordinaire. Lorsque, dans les idées courantes, un ridicule s'introduit, il excelle à le mettre en lumière. Ainsi, laissons-lui la parole sar la question de la transcription de certaines pages théâtrales (2) :

Il y a bien du pédantisme et du préjugé, soit dit en passant, dans le mépris qu'on affecte souvent pour des œuvres telles que la «Fantaisie » sur *Don Juan,* ou le

(1) Quelquefois à l'aide de simples lettres livrées à la publicité, qui, à raison de l'intérêt qu'elles présentaient, étaient reproduites dans toute la presse, et très remarquées. Notons la dernière, parue vers le 15 juin 1905, relative à une saison d'opéra italien à Paris, et qui précise fort bien la portée de cette manifestation inopinée :

« ... Pendant le peu de jours que j'ai passés à Paris et qui m'ont laissé si peu de liberté, j'ai dit à tous les échos ce que je pensais de ces œuvres si intéressantes, si vivantes et si théâtrales, et dont le haut intérêt, à mon sens, réside dans la réaction qu'elles montrent contre la tendance au théâtre mystique et antidramatique, tout en employant des moyens nouveaux. Ce sont des œuvres audacieuses et franchement italiennes dans leur modernisme. Peu importe qu'elles soient combattues; peu importe même qu'elles ne soient point parfaites, — qui donc est parfait? — elles tracent un sillon lumineux ».

(2) *Portraits et Souvenirs.* 20.

« Caprice » sur la valse de *Faust* ; car il y a là plus de talent et de véritable inspiration que dans beaucoup de productions d'apparence sérieuse et de prétentieuse nullité, comme on en voit paraître tous les jours. A-t-on réfléchi que la plupart des ouvertures célèbres, par exemple celles de *Zampa*, d'*Euryanthe*. de *Tannhauser*, ne sont au fond que des fantaisies sur les motifs des opéras qu'elles précèdent? Si l'on prend la peine d'étudier les fantaisies de Liszt, on verra à quel point elles diffèrent d'un pot-pourri quelconque, des morceaux où les motifs d'opéra pris au hasard ne sont là que pour servir de canevas à des arabesques, festons et astragales ; on verra comment l'auteur a su de n'importe quel os, tirer la moëlle, comment son esprit pénétrant a découvert, pour le féconder, parmi les vulgarités et les platitudes, le germe artistique le plus caché ; comment s'il s'attaque à une œuvre supérieure, comme *Don Juan*, il en éclaire les beautés principales et en donne un commentaire qui aide à les comprendre, à en apprécier pleinement la perfection suprême et l'immortelle modernité. Quant à l'ingéniosité de ses combinaisons pianistiques, elle est prodigieuse et l'admiration de tous ceux qui cultivent le piano lui est acquise; mais on n'a peut-être pas assez remarqué, à mon sens, que, dans le moindre de ses arrangements, la main du compositeur se fait sentir ; le « bout de l'oreille » du grand musicien y apparaît toujours, ne fût-ce qu'un moment.

On ne saurait mieux dire, et ces observations, en somme, sont rigoureusement exactes. Il était également très bien inspiré quand il voulait que, tout en admirant le maître de Bayreuth, on ne le copiât pas, que l'on établît une différence entre Wagner et le wagnérisme.

A ce sujet, il est fréquemment accusé de

versatilité. Cependant sa conduite semble, au contraire, des plus logiques. Pendant la manifestation de parti pris et d'ignorance contre l'auteur de *Tristan*, il est accouru parmi ses avocats : puis, au moment de l'exagération du revirement, il a eu le courage de devenir anti-wagnérien. Il a donc modifié sa tactique suivant la nécessité des circonstances, et vraiment on ne saurait lui en faire un grief.

Il encourt maintenant un seul reproche : c'est de ressentir instinctivement une certaine prévention contre les nouveautés. En leur présence, il ne conserve pas toujours son habituelle netteté de vision.

En résumé, M. Saint-Saëns ne dédaigne pas, quoi qu'il en dise (1), de monter à l'autel de la critique, où, d'ailleurs, son attitude est aussi brillante que sympathique ; mais il n'aime y officier que par aventure.

Compositeurs non Littérateurs

M. Claude Debussy

Les qualités critiques de M. Debussy sont bien loin d'égaler ses facultés créatrices. L'auteur de *Pelléas* a, d'ailleurs, abandonné le journalisme, dans lequel il n'a figuré que quelques mois, à la *Revue Blanche* d'abord et au *Gil Blas* ensuite. Il professait des opinions bizarres, difficilement discutables, qu'il faut se contenter d'épingler, tout simplement.

(1) *Harmonie et Mélodies*, 27.

Ainsi l'on n'ignore pas que, par suite des indications qu'il a données lui-même pour l'exécution, Beethoven, dans la deuxième partie de sa *Symphonie Pastorale*, s'est arrêté non pas à une description objective, mais à une impression morale. Eh bien ! M. Debussy a écrit sur cette page les lignes suivantes (1) :

Voyez la scène au bord du ruisseau... Ruisseau où les bœufs viennent apparemment boire (la voix des bassons m'invite à le croire), sans parler du rossignol du bois et du coucou suisse qui appartiennent plus à l'art de M. de Vaucanson qu'à une nature digne de ce nom.

Y a-t-il dans cette attitude, mystification ou paradoxe?

Je l'ignore; mais je ne saurais, en tous cas, m'empêcher de penser que si M. Debussy est un compositeur éminent, il semble un critique manquant par trop de pénétration. Tout le monde a le droit de passer à côté de la vérité, mais il faut se garder d'abuser de cet exercice (2).

M. Gabriel Fauré

M. Fauré, au *Figaro*, n'est à citer que pour son indifférence et son absence de convictions. Ayant remarqué que le compositeur écrivain

(1) *Gil Blas* du 16 février 1903.

(2) Ne parlons pas des lacunes de son savoir. Ainsi, l'on voit (*Revue Blanche* du 1er mai 1901) qu'il ignore ce que signifie l'expression « concert spirituel », et à la suite de quelles circonstances on doit l'entendre dans un sens théologique.

n'admet, trop souvent, que certaines formes musicales à l'exclusion de toutes les autres, est un peu partial, il aura voulu réagir contre cette tendance générale, être libéral et hospitalier. Alors il a glissé dans le défaut contraire en se disant qu'autant que possible, il faudrait applaudir et tous les compositeurs et toutes les compositions. Ajouterai-je que la justesse semble davantage résider dans les accents de sa musique exquise que dans les termes de ses articles?

Devant le manque de vigueur de ces commentaires, on se souvient que M. Fauré est entré fort tard dans la carrière. Ne concluons pas cependant d'une façon trop radicale, et ne prononçons pas le mot populaire : « les enfants de vieux ».

Victorin Joncières

Un jugement assez sain, mais un peu trop sommaire dans ses explications, telle est la représentation approximative de la valeur critique de Joncières dans ses feuilletons de *la Liberté*, de 1871 à 1900. Cet écrivain était guidé, dans ses investigations, par une perception très exacte de la voie que traversait et que traverse encore l'école française. Les lignes suivantes sont comme le reflet de cette pensée directrice (1) :

(1) *Liberté* du 14 avril 1879.

Il s'opère en ce moment, dans le goût du public et dans les tendances de nos compositeurs, une transformation qui doit nécessairement nuire à la musique de théâtre. L'ancien moule de l'opéra est brisé, et la forme que doit revêtir le nouveau drame lyrique n'est pas encore trouvée. Nous sommes dans une époque de transition et de lutte peu favorable à l'éclosion de chefs-d'œuvre incontestés, mais féconde en recherches intéressantes, en efforts courageux, dont la génération qui nous succédera, recueillera les fruits.

Les hardis pionniers qui se frayent une voie dans les champs inexplorés de l'art nouveau, peuvent quelquefois se tromper de route; mais il est incontestable que chaque jour ils agrandissent le patrimoine légué par leurs ancêtres. On a plaisanté la *Musique de l'Avenir* : la jeune école française a accepté ce titre qu'on voulait ridiculiser, et l'a inscrit sur son drapeau. Déjà le nombre des rieurs a diminué, et le bataillon sacré de l'*Avenir* grossit sans cesse. Mais ces progrès, que nous sommes heureux de constater, se sont surtout accomplis dans les concerts, où le terrain se trouvait beauco   mieux préparé qu'au théâtre. Les conditions d'existence de celui-ci n'ont permis, en effet, jusqu'à présent, d'y tenter que de timides essais, des expériences incomplètes. De là, l'infériorité que nous signalons dans la musique dramatique actuelle. Le jour où se sera opérée la fusion que nous ap   s de tous nos vœux entre la symphonie et l'opéra, le   ur où la nouvelle forme du drame lyrique sera acceptée par tous, où les librettistes et les compositeurs suivront les mêmes tendances, où le public ne sera plus dérouté par l'accouplement bizarre de pièces confectionnées suivant les anciennes traditions, avec des partitions conçues dans les idées nouvelles, ce jour-là on verra la jeune école nationale aussi florissante au théâtre qu'au concert.

Cette compréhension parfaite de la situation

musicale contemporaine n'était pas sa seule qualité; il en possédait une autre. Si l'on excepte les derniers temps de son existence, où il a été visiblement touché par l'âge, les progressistes ont toujours trouvé en lui un défenseur très ardent. Je rappellerai simplement qu'il ne s'est pas inquiété des audaces d'un Wagner, d'un Franck, d'un Debussy, d'un Dukas, d'un Bruneau.

Cependant, détail curieux que l'on ne s'attendrait point à découvrir ici, il n'aimait pas l'auteur de la *Damnation*, dont il disait notamment, au sujet de la *Symphonie fantastique* (1) :

Pas une lueur dans cette nuit noire, pas une apparence de plan, rien de ce qui constitue le style symphonique : le néant. Tout ici trahit l'indigence d'un cerveau épuisé par une désespérance précoce voulant à tout prix créer du nouveau, et s'en remettant la plupart du temps aux combinaisons du hasard pour atteindre ce résultat. C'est en vain qu'on chercherait dans ce chaos une audace harmonique, une invention quelconque. Des sons ! Des sons ! Des sons !

Berlioz ressemble à un cuisinier inexpérimenté qui voulant inventer un art culinaire nouveau, jetterait pêle-mêle dans la casserole tous les ingrédients qui lui tomberaient sous la main, se disant : Ce sera peut-être mauvais, mais en tous cas on ne pourra contester l'originalité de ma cuisine, et il se trouvera certainement des palais blasés qui prendront plaisir à goûter une sensation qu'ils n'ont encore jamais éprouvée.

Ces imperfections de Berlioz ne sont pas contestables, assurément ; mais, derrière elles,

(1) *Liberté* du 10 mars 1873.

il fallait discerner le génie, ne pas s'arrêter exclusivement à la lettre, mais aussi à l'esprit.

Samuel Rousseau

Samuel Rousseau émettait des appréciations bien fondées, et savait, en outre, indiquer sobrement le détail technique notable. Ce qu'il voulait dire, il l'exprimait dans un mode net et pittoresque dont voici un spécimen (1) :

Avant que d'analyser les beautés de la nouvelle partition, formulons la seule critique qu'à beaucoup probablement elle suggérera : sauf dans le troisièm e acte, véritablement mouvementé et scénique, l'œuvre de M. H. Rabaud, par la sévérité de son style, semble plus viser l'oratorio que le théâtre; l'orchestre abonde en pédales et en marches d'harmonie; les chœurs, bien écrits mais compacts, s'efforcent vers la majesté plus que vers la vérité ; malgré la diversité des sen - timents exprimés, les rythmes sont rectilignes : même au risque de froideur, un quatre temps attaqué reste immuablement un quatre temps ; et il n'est pas jusqu'aux fugues fréquentes qui n'ajoutent à l'illu- sion

Ces réserves faites, ce nous est une joie de consta- ter les qualités maîtresses du talent de M. Rabaud : la délicatesse de sa sensibilité, la robustesse de son accent et surtout la probité de son expression.

En guise de prélude, une fugue décrivant le combat que Gérald livre au loin. Amaury dit ses remords en un large récit que surmonte une flûte d'antinomie assez imprévue. Une joyeuse fanfare, soutenue de harpes allègres, annonce le retour de Gérald.

(1) Il s'agit de *la Fille de Roland*, dans *l'Éclair* du 17 mars 1904. Il a collaboré à ce journal de la fin de 1893 à sa mort, en octobre 1904.

Son style, sans s'attacher extraordinairement à la forme, était donc cependant savoureux, pictural et personnel. Ses efforts pour demeurer juste, sa délicatesse et son amabilité en avaient fait un homme universellement estimé, dont la disparition a été très vivement ressentie, et contre lequel les mauvaises langues ne dirigèrent jamais leurs agressions.

Quelquefois, bien rarement, il est vrai, l'on était surpris de rencontrer sous une plume semblable l'opinion médiocre du vulgaire. Y avait-il, dans ces circonstances, manifestation d'une certaine paresse d'esprit ou d'un défectueux état de santé ?

N'ayant pas eu le plaisir de connaître Rousseau dans l'intimité, complètement, je ne saurais me prononcer avec certitude, et me borne à signaler la particularité.

Musiciens littérateurs

M. Camille Bellaigue

« M. Bellaigue, c'est le dithyrambe fait homme. » Cette boutade, lancée par M. Houdard, au cours d'une polémique, a fait fortune, accomplissant ainsi la destinée qu'elle méritait. Ce critique, en effet, au rôle d'annonciateur de la déroute, préfère celui de chantre du succès, car il peut caser alors les exubérances de son enthousiasme. Cependant, quel que soit le parti auquel il s'arrête, ses remarques ne sont pas toujours très heureuses.

La chose surprendra de la part d'un homme à la fois bon musicien (1) et styliste habile. Mais M. Bellaigue se laisse conduire par la phrase plus que par l'idée, et alors, tout comme M. Bruneau, il oublie qu'il sait la musique. Voici, pour exemple, un extrait de l'un de ses comptes-rendus, celui relatif à la *Phryné* de M. Saint-Saëns (2) :

M. Saint-Saëns a fait, avec cette vingtaine de vers, le plus beau tableau peut-être qui soit en musique, de la naissance de Vénus. Tout y est exprimé : non-seulement le paysage et l'apparition de la déesse, mais le sens mystérieux et sacré du mythe païen. Le paysage est décrit par la période musicale qui correspond aux six premiers vers. La basse, arpégeant lentement et jusqu'à dix-sept fois de suite le même accord, étend partout un calme profond, que de mesure en mesure seulement traverse un frisson d'attente. Sur cet accompagnement descriptif, la voix de Phryné pose tout bas un chant de longue haleine, une mélodie mollement déroulée et tombante, où flotte la douceur du soir, et d'où se répand sur la promeneuse solitaire, et déjà vaguement émue, l'influence nocturne des dieux. Bientôt se croisent des gammes agiles ; aux notes claires de la voix répondent, claires aussi, des notes de flûtes éparpillées en gouttelettes sonores, en arpèges chromatiques par degrés évanouis. « Néére, ne va pas te confier aux flots. » Elle s'y confie, la blonde baigneuse, et la voilà saluée déesse. Oh ! l'admirable salutation païenne ! Avec quelle ampleur retentit le grand nom d'Aphrodite, par-dessus la vibration à peine perceptible d'un trémolo presque silencieux ! A s'entendre ainsi nommer, l'orgueil, l'enthou-

(1) Lauréat du Conservatoire.
(2) *Revue des Deux Mondes* du 15 juin 1893, 942.

siasme envahit la belle créature. L'orchestre bouillonne et se soulève, comme si réellement la vie, que dis-je, l'immortalité affluait au cœur de cette mortelle, que vient de sacrer déesse la glorieuse méprise des nautoniers. Si nous citions l'autre jour les vers de Musset, c'est que la représentation par les sons égale ici en beauté plastique la représentation par les mots. L'apparition de Vénus naissante est aussi sensible, aussi éclatante dans la musique que dans la poésie. L'accompagnement serre et fouette l'harmonie comme l'écume; la basse gronde sourdement, s'enfle en houles profondes, et finit par jeter sur le rivage la forme radieuse.

M. Bellaigue a été ainsi depuis son entrée à la *Revue des Deux Mondes*, en avril 1885, et il restera toujours ainsi, car son esprit est tourné à voir ce qu'il possède, et non ce qui lui manque. Sa plume demeure contente de sa tâche.

Il excelle, en nous aveuglant d'images, à donner la moyenne de l'opinion conservatrice, cette dernière étant sertie dans des phrases adroites et agréables. Oui! ses idées propres sont peu nombreuses; il ramasse plutôt celles des autres. Aussi, entre ses mains, la critique cesse d'être une science pour devenir — que l'on me passe le mot — un râteau.

Et il est à noter que ses préférences vont, dans le monde de ses prédécesseurs, à ceux qui ont agi comme lui. Il trouve que Taine était un excellent critique musical parce qu'il a bien parlé de Beethoven et de Mozart (1). Certes, nous savons à merveille que l'auteur des *Ori-*

(1) *Le Temps* du 8 mai 1903.

gines de la France contemporaine fut un remarquable écrivain ; mais, en l'espèce, puisqu'il
s'est contenté de jeter, sur les appréciations des
autres, le vêtement de son éloquence, nous
devons bien constater que son mérite en est
amoindri. Il importait donc, pour le feuilletonniste de la *Revue des Deux Mondes*, de ne pas
s'en tenir ici aux apparences, mais de rechercher la réalité.

M. Bellaigue est plus précieux que précis,
car sa crainte du mot propre l'entraîne souvent
à des circonlocutions pénibles à comprendre.
Il tire d'un sujet tout le développement possible,
et cela jusqu'à en extraire l'ennui. Fréquemment, dans un article où deux ouvrages sont à
examiner, il s'est tellement épuisé sur le premier qu'il ne trouve plus rien à dire pour le
second. D'un côté, douze pages ; de l'autre, six
lignes. On aimerait découvrir alors un peu plus
d'équilibre, surtout quand le second ouvrage
appelle des réflexions utiles.

En un mot, avec son élégance affectée, son
étalage de satisfaction intime, et son absence de
fond, l'on peut dire que M. Bellaigue pense à
la lectrice plus qu'au lecteur, et encore davantage à lui-même. Il paraît écrire devant un
miroir.

M. Louis Laloy

M. Laloy étant le premier universitaire que
nous rencontrons, il importe de profiter de la
circonstance pour préciser cette qualité.

En critique, l'universitaire se distingue par deux traits. D'abord, des exercices nombreux auxquels il s'est livré sur les bancs de l'école, il a gardé l'abondance de la phrase, abondance laborieuse chez les uns, facile chez les autres. Enfin, par une sorte d'entrainement irrésistible, venant de sa profession même, il envisage d'une façon trop sévère la mission qu'il doit remplir. Tels sont les signes auxquels on le reconnait.

M. Laloy a eu cette bonne fortune d'étudier la composition avec M. Vincent d'Indy, au sortir de l'Ecole normale supérieure. Son savoir littéraire et musical, joint à des dons naturels très développés, en ont fait un commentateur des plus remarquables. Il est donc entré dans sa fonction avec l'esprit bien rempli des connaissances qu'elle réclame.

Doué d'une extraordinaire pénétration, il est ému tout en restant lucide. Pleines de justesse, ses appréciations de la *Revue musicale* et du *Mercure musical* sont relevées par la tournure de l'expression, le choix du terme voulu, le charme de la délicatesse. Voici — et on ne manquera pas de l'apprécier à sa juste valeur — ce qu'il pense de *l'Ouragan* de M. Bruneau (1) :

M. Bruneau a traduit les paroles du texte par une mélodie exactement appropriée où se trouvent encore de belles lignes ; et il lui a donné pour support tantôt l'un, tantôt l'autre de ses motifs caractéristiques, par-

(1) *Rev. music.* de mai 1901. 204.

fois modifié, comme le thème de l'île dont le rythme,
change deux fois, le plus souvent dans son état
primitif. Rien de plus simple et de plus sobre que cet
art auquel on ne peut reprocher que sa nudité : on
regrette que ces idées mélodiques, belles en soi, ne
se développent pas davantage, en se transformant, se
combinant entre elles suivant les ressources propres
à l'art musical. On a dit que la musique de M. Bruneau était laide ; ce reproche, appliqué à l'*Ouragan*,
est fort injuste : ce ne sont pas quelques modulations
imprévues, quelques frottements inusités qui doivent
nous révolter : nous en admettons journellement bien
d'autres ; et, si M. Bruneau méprise quelques transi-
tions surannées, quelques artifices chromatiques trop
chers à nos contemporains, il faut plutôt le louer de
sa franchise. Mais ce qui est vrai, c'est que sa musique
n'est pas belle d'une beauté *musicale*. Un motif est un
germe gonflé de sève ; lancez-le dans l'orchestre, et
vous le verrez s'épanouir en luxuriantes floraisons ; il
engendrera, à l'infini, les variations, et toutes animées
de sa vie ; il se prolongera en développements inat-
tendus et naturels à la fois ; il se superposera à lui-
même de mille manières ; il attirera à lui les autres
parcelles mélodiques éparses et leur imposera sa
forme et son esprit. Cette tendance à la vie, à l'exten-
sion, à la conquête indéfinie, est sans cesse réprimée
chez M. Bruneau ; son œuvre abonde en idées souvent
belles ; mais une idée, en musique, est peu de chose
encore, si elle ne se développe. Et je sais bien qu'un
musicien de théâtre ne peut s'abandonner sans réserve à sa fantaisie comme un symphoniste, mais
encore ne doit-il pas laisser de côté, par système, les
ressources de son art, car alors pourquoi ne pas supprimer la musique elle-même? C'est d'une heureuse
alliance de l'expression dramatique avec le développement symphonique que sort le drame musical et,
dans le cas de l'*Ouragan*, comme le drame existe à
peine, c'est la musique qui devait passer au premier

plan ; le symphoniste devait faire oublier l'écrivain.
M. Bruneau met, tout au contraire, un soin pieux à
s'effacer devant M. Zola ; sans cesse il semble dire à
sa musique : « Halte-là ! » De là, dans toute l'œuvre,
quelque chose de guindé, de tendu, d'austère, qui finit
par fatiguer. Ni l'île sauvage, ni la baie de Grâce, ni
même la tempête, n'engendrent une musique vraiment libre et riche : des indications qui se répétent
et parfois, par leur répétition même, arrivent à produire un effet tragique ; mais où est la fougueuse inspiration de Berlioz, le vaste panthéisme de Wagner
animant la forêt bruissante, ou le profond sentiment
poétique de V. d'Indy, faisant surgir, aux sons d'un
chant de pâtre, tout un horizon de montagnes mélancoliques? La musique de M. Bruneau a le tort de rester,
comme de parti pris, au-dessous de son objet. « Très
brutalement animé », dit la partition à l'acte de la
tempête ; la brutalité du motif est incontestable ; mais
mais il y a aussi, dans un ouragan, une sauvage grandeur que le musicien ne nous a pas fait sentir : n'était-
ce pas là justement son rôle?

M. Laloy a donc le mot juste et expressif, le
mot unique, et sa perspicacité excelle à saisir
la nuance d'une œuvre.

M. Charles Malherbe

Après avoir terminé son droit, M. Malherbe
est devenu l'élève de M. Wormser et de M. Massenet. De ses humanités littéraires et musicales,
il a su tirer tout le profit possible, auquel se
sont ajoutés son bon sens, son esprit bien équilibré, sa tolérance et sa justesse de coup d'œil.
Son diagnostic est, par suite, d'une sûreté très
grande, et formulé de façon captivante.

La page suivante, sur Gluck, tirée de l'un

des articles qu'il fait paraître dans plusieurs
feuilles, semble particulièrement bien refléter
sa manière (1) :

On ne voit pas trop, en effet, un compositeur mé-
connaissant de parti pris la situation qu'il doit traiter,
et lui donnant volontairement une traduction musicale erronée. Lorsqu'il se trompe, c'est malgré lui ;
chacun se sert des moyens qu'il tient de la nature,
et parle le langage qu'il a appris.

S'il peut être question de vérité en un sujet comme
le théâtre, où tout est mensonge, ou du moins illusion,
il faut convenir que cette vérité n'est pas une; elle
est multiple et varie avec le tempérament de chacun.
Aussi les maîtres les plus divers s'en réclament-ils
également et ils s'estiment sincères, Meyerbeer, Halévy, Gounod et Verdi, tout autant que Mozart, Spon-
tini, Weber et Wagner. Rossini même et Donizetti ont
cru la posséder, et quelques-unes de leurs pages nous
donneraient encore à penser qu'ils ne se trompaient
pas. Nos grand'mères ont pleuré en écoutant la Malibran chanter dans *Othello* la romance de Desdémone
« Assise au pied d'un saule ». Nos petits-neveux
souriront peut-être aux efforts où se dépense aujour-
d'hui un Richard Strauss. C'est que la vérité dramatique ne se montre pas à l'artiste telle que les poètes
ont coutume de la représenter. Bien loin d'être nue,
elle porte un costume, celui de son temps, et ce costume, se modifiant presque à chaque génération, subit
les caprices de la mode. De là vient ce désaccord si
fréquent dans les jugements portés par les contemporains d'une œuvre, et leurs héritiers.

Mais il est une beauté d'ordre supérieur qui échappe
aux définitions et que les gens de goût cependant ne
manquent point de reconnaître. Qu'on la nomme inspiration, science ou génie, elle est le souffle divin, la

(1) *Rev. Music.* d'oct. 1902, 422. *Un Précurseur de Gluck.*

flamme éternelle qui imprime aux ouvrages le sceau de la vie. C'est par elle que certains chants se transmettent d'âge en âge; c'est par elle que, loin des règles empiriques et des conventions éphémères, certains compositeurs échappent à l'oubli; c'est par elle enfin que pour jamais, avec ou sans la préface d'*Alceste*, plus ou moins empruntée aux essais d'Algarotti, Gluck a conquis des droits à l'immortalité.

On voit les diverses qualités de M. Malherbe. Je me permettrai de signaler, à côté d'elles, deux particularités :

La bienveillance et la bonté le poussent parfois à trop d'indulgence. On désirerait, dans certains cas, trouver un peu plus de sévérité sous sa plume. Son érudition, en outre, surtout dans les recherches d'histoire musicale, attarde en des démonstrations un peu étendues. Il arrive là, poussé, à son insu, par l'abondance de sa documentation, sa passion de collectionneur (1), le désir de convaincre, et la santé de sa logique. Il n'est pas alors, comme M. Bellaigue ou les universitaires, long par le développement, mais par le nombre des arguments qu'il invoque.

Musiciens non Littérateurs

M. Arthur Pougin

Homme de tradition et homme de combat, tel est M. Pougin, rédacteur au *Ménestrel* et à

(1) On sait que sa collection d'autographes musicaux est la première du monde entier.

l'*Evénement*. En sa qualité de musicien et d'historien, il paraîtrait doublement outillé pour apprécier d'une façon saine. Cependant il se trompe fréquemment ; mais il le fait davantage par prévention que par ignorance, car voulant ériger ses habitudes en principes, il aboutit à des conclusions conservatrices à l'excès, où souvent tout est inexact. Son parti pris de malveillance contre Wagner a été jusqu'à lui reprocher le « manque de grandeur ». Pendant la crise wagnérienne, il n'a pas eu confiance dans notre vitalité, a cru que nous serions submergés.

Dans ses travaux historiques, avec cette mentalité dédaigneuse du présent et du futur, il oublie les recherches nouvelles. Je veux dire par là que, dans certaines circonstances, il n'étudie pas ce qui a précédemment paru, et, dans d'autres, il utilise ce qui vient d'être trouvé, mais sans nommer l'auteur de la découverte. Ainsi, pour le premier cas, dans la préface de son *Jean-Jacques Rousseau musicien*, il se vante d'avoir laissé à l'écart les récents travaux sur l'auteur du *Devin,* sans s'apercevoir que, de la sorte, il fait l'éloge de l'ignorance. Pour le second cas, dans un ouvrage sur la musique russe, il reproduit ce qu'avait dit Hugues Imbert, mais sans indiquer celui-ci. Son confrère, un peu interloqué, proteste, rappelle son antériorité. M. Pougin répond qu'il ne se doutait même pas de l'existence du livre invoqué contre lui. Alors, Imbert cite un compte-rendu bibliographique sur son travail, émanant de M. Pougin lui-même (1).

Notre journaliste écrit abondamment et en prenant ses aises. Son esprit de réaction ne trouve de la verve et d'heureux passages que lorsqu'il tourne en ridicule les prétentions des jeunes compositeurs qui pensent tout bouleverser, enfermer un univers dans un détail minuscule.

M. Pougin, enfin, se croit le prince de la critique et de l'histoire, n'hésite pas à dire : « mon bagage littéraire ». Ses connaissances souffrent de graves lacunes cependant. Par exemple, Beethoven, dans un mouvement de l'un de ses derniers quatuors (op. 132), a utilisé un ancien mode, le lydien, et fait précéder le morceau de cette mention : *in modo lidico*. M. Pougin, peu au courant, sans doute, des gammes du moyen âge, a déclaré qu'il y avait une « faute typographique ». « *In modo lidico* n'a pas de sens, — continue-t-il, — c'est *modo lirico* qu'il faut, c'est-à-dire dans le mode lyrique (2) » — Sans commentaire !

Conséquence fatale de sa manière de voir, notre écrivain est détesté de la jeune école. Ainsi l'expression « pompier comme un article de Pougin » se rencontre chez M. Gauthier-Villars. Ceux-là n'ont pas complètement raison, car, somme toute, ce critique remplit parfois

(1) *Guide musical* du 8 mai 1904, 436.
(2) *Ménestrel* de 1893, 125.

une fonction utile, en nous rappelant notre passé. Reprenant une réflexion célèbre, l'on peut dire que si **M.** Pougin n'existait pas, il faudrait l'inventer. Je dois avouer cependant qu'avec ses vues particulières, on se le représente moins critique musical **que contremaître dans une usine de musique classique. Dans cette dernière fonction, il serait parfait.**

M. Albert Soubies

De M. Soubies, qui écrit au *Soir* et s'adonne également à des travaux historiques, on ne saurait dire grand'chose. Certes ses jugements restent, en général, bien inspirés, car il est ensemble, dans les proportions voulues et selon l'occurrence, conservateur et progressiste ; par contre il les présente avec une insuffisante délicatesse de touche, et une certaine timidité. Bref, son verbe paraît juste, mais terne, peu suggestif.

LITTÉRATEURS NON MUSICIENS (1)

M. Jules Combarieu

M. Jules Combarieu, directeur de la *Revue musicale*, est un universitaire. Sa capacité d'erreur semble incommensurable. D'ailleurs il n'a vraisemblablement pas étudié la technique

(1) C'est la catégorie dans laquelle il convient, en somme, de classer la masse des mauvais critiques, ceux qui ne sont doués d'aucun avantage. J'entends bien, que, chez eux, on ne trouve même pas la littérature; mais cette qualité, la seule qu'ils ambitionnent, leur est même refusée.

musicale, ou alors, ce qui revient au même, sa faculté d'assimilation doit être médiocre.

Je ne parlerai pas, ces détails étant trop connus, des fautes d'harmonie dont il a parsemé ses transcriptions de chansons de la Renaissance française (1), ni de ses jugements parfois d'une audace bizarre. Je préfère m'arrêter à son tour d'esprit.

Il a des idées préconçues et arrêtées. Aussi ne résiste-t-il pas toujours à la tentation de violenter quelques faits, afin de les plier à certaines de ses déclarations. D'ailleurs sa bonne foi reste entière. Par exemple, dans ses *Rapports de la musique avec la poésie* (2), il professe que toute imitation du monde extérieur ou expression de nos sentiments est une « pensée musicale ». Et pour prouver l'existence de cette dernière, il cite notamment un cas qui se présente assez fréquemment : un compositeur se souvient d'une mélodie qu'il a entendue, et, sciemment ou non, la répète plus ou moins dans une de ses compositions. M. Jules Combarieu croit établir de la sorte la réalité de la « pensée musicale », et il ajoute, au sujet de ces réminiscences : « Le thème principal et initial de la *Symphonie héroïque* a été reproduit par Mozart dans l'ouverture de *Bastien et Bastienne*. » Argument assez singulier, car l'opéra-comique en question remontant à 1768, et la

(1) *Rev. mus.* de 1901.
(2) Paris, Alcan (1894), 142.

symphonie de Beethoven datant de 1804, on ne discerne pas bien Mozart utilisant des matériaux découverts après sa mort.

M. Combarieu manque de la sérénité intellectuelle indispensable au bon critique. Aux questions controversées, jamais il ne s'arrête à ce qui est contraire à son opinion. Dans sa revue (1), il avait vilipendé, en les interprétant à contresens, les théories de M. Houdard sur la musique dite grégorienne. M. Houdard, voyant qu'il n'avait pas été compris, lui envoya une rectification courtoise, en le priant de vouloir bien l'insérer. Cette satisfaction légitime lui fut refusée.

M. Combarieu a d'abord choisi un style agressif et peu bienveillant; puis s'étant rendu compte, vraisemblablement, que l'on pouvait trouver que sa critique n'était qu'un étalage de malveillance, il a renoncé à son excessive et inutile sévérité (2). Par défaut d'équilibre, il est alors tombé dans l'excès opposé : il soutient et couvre tout le monde.

M. Catulle Mendès

M. Catulle Mendès est un poète égaré dans la

(1) *Rev. music.*, de mai et juin 1901.

(2) Dans ses articles bibliographiques, il allait jusqu'à se faire correcteur d'imprimerie, et reprocher à ses confrères l'orthographe de certains mots, la ponctuation de quelques phrases, des passages en italiques, etc. Un beau jour, il tomba sur quelqu'un de particulièrement susceptible, qui lui écrivit une lettre un peu vive et en exigea l'insertion (*Rev. music.* de juillet 1901, 299).

critique musicale (1). Non seulement son cerveau n'a pas pris possession des œuvres classiques, qu'il affectionne peu, mais pas même de Wagner, dont il s'est fait l'apôtre. L'affirmation peut sembler excessive ; pourtant une observation rigoureuse démontre que le domaine de la musique n'est pas le sien.

D'ailleurs, toujours boursouflé, il use d'une langue vague et fleurie. Chez lui, on aperçoit trop le dénûment du fond sous l'exubérance de la forme (2). C'est bien un poète auquel il faut à tout prix des images, même fausses, la distension jusqu'à exagérer et se contredire. Parfois, cependant, un détail plus précis, mais alors expliqué par un pinceau trop partial.

Ecoutez-le quand il parle du *Vaisseau fantôme* de Wagner (3) :

Tout d'abord, l'orchestre éclate avec fureur. Le vent, l'éclair, la mer combattent dans la nuit noire. Les vagues se hérissent, des tourbillons se creusent. Mêlée par instant aux bruits de la tempête, s'exhale une clameur puissante et triste, une clameur qui est à la fois un sanglot et un appel. Oh ! de quelle douleur, de quelle espérance cent fois déçue, ce cri est-il la plainte ? Tout le prodigieux fracas de l'Océan ne peut couvrir la voix qui gémit et qui désire. Quelquefois l'orage s'apaise avec des rumeurs sourdes ; un chant

(1) Au *Journal* depuis 1897.

(2) Certains ont calculé la longueur moyenne d'un article de M. Mendès, établi une proportion entre les lignes consacrées au livret et à l'interprétation, et celles qui parlent de la musique. Ils sont arrivés ainsi à un résultat que nous ne rappellerons pas, puisque nous l'avons fréquemment constaté déjà.

(3) *Revue wagnérienne* du 8 février 1886.

s'élève, comme la courbe sereine d'un arc-en-ciel. Est-ce une réponse à l'appel désespéré qui monta de l'abîme? Il est clément et pur, avec des langueurs féminines. Sans cesser de planer, il descend vers l'âme qui se désole dans les profondeurs. Alors la bourrasque se déchaîne de nouveau; le vent déchire les voiles, brise les mâts, saccage la coque du navire

Et cet éloge de M. Vincent d'Indy, dans lequel l'école française contemporaine étant appréciée de deux manières diamétralement opposées, on ne sait au juste à quelle thèse s'arrêter (1) :

Toujours une œuvre de M. Vincent d'Indy nous enlève des médiocrités, des étroitesses, des vilenies trop voisines, écarte les basses fumées des imbécilités et des drôleries, ouvre de l'espace, est comme de l'aération vers un sublime et pur idéal ; entre les nouveaux musiciens français, si nombreux et si divers, inspirés, savants, violents, mélancoliques, compliqués simplistes, que ne groupe aucune ressemblance de personnalités, mais qu'assemble en une heure destinée, je le pense, à être admirée comme un des plus grands moments de la musique, une égale religion de la Beauté et de la Vie, différente par les rites, non par la foi intime, l'auteur de *Fervaal* et de l'*Etranger* nous apparaît un grand artiste en qui rêve une grande âme.

Bref, la critique musicale de M. Catulle Mendès, à la fois trop bien écrite et trop mal pensée, semble du néant soufflé.

(1) *Journal* du 5 déc. 1903.

MUSICIENS INTUITIFS

M. de Fourcaud

M. de Fourcaud, dont l'érudition est solide, a une certaine valeur professionnelle, et la déploie d'une façon très agréable (1). Il se distingue par une clarté d'exposition très enviable. Ses articles du *Gaulois* sont généralement divisés en trois parties, la première consacrée au poème, la deuxième à la musique, la troisième à l'interprétation. Je ne connais pas de plume aussi nette et aussi précise que la sienne.

M. Henri Gauthier-Villars

Comme critique musical, M. Gauthier-Villars est extraordinairement bien doué, mais il n'a pas cultivé ses dons naturels (2). C'est un fantaisiste qui a la prétention de faire rire sans cesse, qui s'amuse de tous et de tout, qui se croit sur les tréteaux de la foire, et qui est spirituel… quand il ne le désire pas. Bien que n'étant point d'humeur morose, et goûtant les bienfaits de la gaîté, on n'apprécie pas toujours ses plaisanteries un peu forcées, ses badinages plutôt factices, son laisser-aller vulgaire, sa hardiesse de bec souvent excessive, ses gravelures inutiles, ses jeux de mots détestables, ses ré-

(1) Il occupe la chaire d'esthétique et de l'histoire de l'art à l'Ecole des beaux-arts.

(2) Il écrit à l'*Echo de Paris*, et réunit ses articles de l'année sous l'étiquette d'un calembour : *Bain de sons, La Mouche des croches*, etc. Il signe aussi : « Willy » et « l'Ouvreuse ».

clames pour ses romans et ses amis, et ses fastidieuses énumérations de personnes présentes à un spectacle.

Son style, facile, prolixe et peu soigné, porte la marque d'un esprit très ouvert, mais sans énergie, qui manque de règle et d'équilibre, s'emporte ou s'abat. Ce style accuse la préoccupation constante de paraître léger, alors qu'il n'est que faible, et, malgré tous ses efforts, il n'arrive pas à rendre l'atmosphère joyeuse.

A titre de renseignement, voici un de ses articles sur les concerts dominicaux :

Un concerto de violon, ça n'est jamais très folâtre, mais celui de Gernsheim est, sans conteste, un des plus barbants qu'il me fut donné d'ouïr au cours d'une existence « agitée », si j'en crois le *Frou-Frou*. Après les zabouski (bonjour, Martin Gale) férocement poivrés de Glazounow, le public a renâclé devant cette petite bière brassée avec du malt-Mendelssohn, fâcheusement ment éventée. Marcel Boulestin, esquire, et le caricaturiste londonnien Simpson (Clandius) filaient à l'anglaise naturellement; Lamette pleurait d'ennui; Claudine et d'autres gobettes avec elle, grognaient : « Ça m'arate! »; Mlle Juliette Cahun eût préféré entendre le violoncelle de Hekking; Charles Joly, flapi par les concours de *Musica*, dormait comme une marmotte de Xanrof. Quand M. Capet eut terminé, Gaston Paulin, Armand Parent, plusieurs applaudirent, mais les hauteurs tapagèrent, énervés, et quelqu'un laissa tomber ce jugement: « C'est très bien joué ce Gernsheim, mais c'est crevant. » Ce quelqu'un avait raison.

Apaisant le tumulte, une phrase de langueur s'élève infiniment douce, exhalée par la flûte de Barrère; voici l'*Après-midi d'un Faune*, que Pierné est contraint à recommencer. Ça lui apprendra à la conduire si bien !

Pendant qu'on bisse, je file au Nouveau-Théâtre où j'arrive juste à temps pour entendre Chevillard diriger quoi ?... *L'Après-midi d'un Faune*, lui aussi. Exécution gris argent, plus verlainienne que le malarmisme aux arêtes vives du Châtelet; immense succès. Raymond Bouyer, qui a des yeux presque aussi beaux que Polaire (c'est honteux pour un homme !), me dit que l'*Hercule du jardin des Hespérides* d'Henri Busser, fort bien écrit et fort bien joué, contient de frais paysages et récolta des bravos également frais.

Dans le *Concerto* de Haendel, Gillet ne remporte pas de veste et nul ne trouve le son de Bouillon pointu; les deux hautbois jasent parmi le contrepoint emperruqué du quatuor, variations majestueusement guillerettes, applaudies par Messager, Marcel Rousseau, Lindenlaub, Bemberg, Auguste de Radwan, le trio Chaigneau et Mme Strohl.

Après la *Pathétique* de Tchaïkowsky, toute de roublardise et d'emphase, Eugène de Solenière, Eymieu et Galeotti poussent des cris d'enthousiasme ; quelques sifflets, qui étaient J.-M. Sert et Paul Robert, vrillent les admirations convenues, mais depuis que j'ai entendu ces justiciers conspuer l'admirable Balakirew, je ne crois même plus aux sifflets.

Ses défauts se montrent donc énormes et innombrables. On les regrette d'autant plus que l'on aperçoit quelquefois des idées saines, des appréciations très heureuses, fruit des préceptes habilement recueillis auprès d'Ernst et de M. de Bréville, les collaborateurs de ses débuts.

La cause de cette vue trouble et de cette main tremblante pourrait bien provenir d'un état de santé peu satisfaisant, d'une affection nerveuse intense. Oui, dans le monde musical, M. Gauthier-Villars produit l'effet d'un Tabarin malade.

Mais comme, par nature, il appartient à la race **des** bons commentateurs, il nous reviendrait certainement, après un séjour prolongé dans le calme de la campagne, avec le secours bienfaisant de l'hydrothérapie et des bromures, prêt à rendre les plus grands services.

M. Lalo

Il ne faudrait pas juger M. Lalo sur quelques-uns de ses feuilletons du *Temps*, très rares d'ailleurs, où l'on relève des traces de négligence ou de paresse. Il est préférable. à tous égards, de le considérer dans les pages qui le classent parmi les maîtres de la critique musicale contemporaine. On est alors aussi satisfait du fond que de la forme. Cependant, à la longue, une restriction s'impose à l'admiration : le style n'est pas souvent sympathique, et on se demande où vont exactement les préférences de cet esprit d'une bonté un peu molle.

Des imperfections, tous les compositeurs en ont. Ce qui caractérise M. Lalo, c'est qu'il les discerne toutes chez ceux qu'il n'aime pas, et les énumère d'une façon impitoyable. Littéralement, il devient alors implacable comme une nuée d'insectes. Que l'on en juge par cette appréciation sur la *Juive* d'Halévy (1) :

Lorsqu'on a eu l'esprit formé par le culte et l'étude de l'art classique, tout répugne et tout offense dans cette musique informe et grossière, où rien n'existe de ce qui est véritablement la musique. Ce n'est pas

(1) *Le Temps* du 24 nov. 1903.

d'une page plutôt que d'une autre qu'on se trouve froissé et révolté, c'est de l'ouvrage entier. C'est de chaque page, de chaque mesure et d'une page et d'une mesure quelconques prises au hasard; c'est de la forme et du fond, de la pensée et du langage : c'est de la ligne de la mélodie, c'est de la constitution de l'harmonie, c'est de l'allure du rythme, c'est de la sonorité de l'orchestre, c'est de la composition et de l'ordonnance des morceaux. Sans doute, il est des passages particulièrement ridicules par le contraste énorme du sentiment et de l'expression : le pimpant solo de cornet à pistons dont s'accompagne, au premier acte. la supplication éplorée de Rachel et d'Eléazar atteint à une violence de comique qui passe toute comparaison ; sans doute il en est d'autres où l'expression et le sentiment se contredisent avec moins d'indécence : la Pâque juive est du nombre, et aussi le chœur funèbre de l'acte dernier. Mais ces distinctions n'ont point de conséquence : le solo de cornet à pistons et les chants de la Pâque juive, s'ils diffèrent par des qualités accidentelles et extérieures à la musique même, sont exactement pareils en ce qu'ils ont de proprement musical ; pareils par la vulgarité, la misère, la laideur de leur substance et de leur style : si le solo de cornet à pistons est écrit pour un bal public, les chœurs le sont pour un orphéon. L'un et les autres, et la partition entière avec eux, sont insolemment dénués de toutes les qualités qui ont constitué l'art dans la tradition française, dans l'italienne, ou dans l'allemande. Et ce qui achève de rendre ce dénuement intolérable, c'est tout justement son insolence et sa présomption... Et tout cela n'est que mensonge et simulation, devant quoi l'on ne peut contenir son dégoût.

Si, du moins, l'éloignement de toute tradition noble qu'on voit dans l'opéra de 1830 avait pour cause l'originalité, on y pourrait trouver une compensation. Mais non. La musique qui a régné sur la France pen-

dant un demi-siécle, n'est originale en rien, n'a rien
créé, rien inventé. Tous les éléments dont elle se
compose, elle les a empruntés à l'art classique ; son
œuvre n'a été que de les altérer et de les avilir, elle
montre en tous ses traits la décadence et la carica-
ture de la musique des maîtres...

Car la *Juive* et son auteur tiennent dans l'art de
1830 un rang particulier, qu'il n'est pas inutile de
chercher à définir. Sans doute la plupart des traits que
je viens de marquer se retrouvent chez les autres musiciens de l'époque ; mais la mesure et la proportion
ne sont pas les mêmes...

Après avoir parlé de la facilité d'Auber et
d'Adam, M. Lalo continue en ces termes :

Halévy est tout autre. Il faut bien qu'il ait eu le travail facile, puisqu'il a entassé l'un sur l'autre, pendant trente ans, un nombre incalculable d'opéras-comiques et d'opéras, et qu'il n'a mis que quelques
semaines à faire tel ou tel d'entre eux. Mais par une
bizarre fortune, son œuvre sent l'effort : l'aspect en
est pénible et laborieux ; ce n'est pas le jaillissement
naturel, l'eau courante d'Auber et d'Adam. Aussi ses
contemporains lui reprochaient-ils de manquer de
« mélodie »... En revanche, on lui reconnaissait un
savoir profond, une puissance de combinaisons harmoniques et orchestrales qui n'avait été atteinte que
par le seul Meyerbeer : touchante ingénuité d'une
époque qui connaissait mal Mozart, plus mal encore
Beethoven, et qui ignorait entièrement Bach.

Le rapprochement qu'on faisait d'Halévy et de Meyerbeer était d'ailleurs exact : les traits de l'un sont
ceux de l'autre, et dans la plus grande part de leur
œuvre, on ne sait à quoi les distinguer... Mais cette
ressemblance, assez voisine de l'identité, qui existe
entre une grande part de l'œuvre de Meyerbeer et
l'œuvre d'Halévy, ne persiste pas dans ses œuvres

entières. Tout Halévy à peu près est dans Meyerbeer.
Tout Meyerbeer n'est pas dans Halévy. Meyerbeer a un
esprit plus vaste et une nature plus puissante. Il peut se
saisir d'une situation, exprimer une passion avec force,
composer un large et frappant tableau. Rien de compa-
rable chez Halévy. Dans les pages mêmes où il ne
mêle point la valse et la polka à la tragédie, il peut
bien s'efforcer de traduire une situation et un sentiment. Mais il ne s'en empare pas, il ne les domine
pas : il les suit. Il est vrai qu'il lui arrive alors de les
suivre d'assez près, et de se garder des longueurs
inutiles ; et, pour cette cause, on a coutume de dire
en sa faveur qu'il est un « musicien de théâtre ». C'est
qu'alors on peut être un « musicien de théâtre » sans
être du tout un musicien.

M. Lalo n'a pas vu la grâce de certains passages de cet opéra, ce qu'il y avait à noter en
bien ; il est resté partial.

Dans quelques ménages, la belle-mère apporte un manque de bonhomie et des allures
peu aimables. On s'en souvient quelquefois
lorsqu'on lit certains articles de M. Lalo.

M. Jean d'Udine

M. d'Udine s'est prononcé, tout d'abord, un
peu trop selon l'idéal de Wagner ; mais étant
très pondéré, il n'a pas tardé à se ressaisir, à
modifier sa doctrine. Il est ainsi devenu d'une
tolérance extrême, jusqu'à aimer des pages vers
esquelles il n'éprouve pas le moindre entraîne-
ment, comme on peut s'en convaincre en ouvrant au hasard le *Courrier musical*, revue dans
laquelle son nom figure assidûment (1) :

(1) 1ᵉʳ déc. 1903, 328. — Voir aussi ses *Paraphrases musicales* (Paris, Joanin).

Mais à côté de cette impression d'atmosphère bienfaisante et pure, je ne frémis pas moins, ce même jour, à l'évocation de l'atmosphère troublante dont M. Debussy retraça les plus fugitives nuances, dans l'*Après-midi d'un Faune*.

Vous vous étonnerez peut-être de cette admiration soudaine pour une œuvre dont je discutai naguère les tendances. Eh oui ! je persiste à croire qu'il y a dans cette pièce prestigieuse et de prestidigitateur un poison dangereux, une séduction néfaste. Mais la beauté musicale, mais l'intensité pittoresque m'en charment si vivement que, tant pis ! je m'abandonne pour une fois à cette griserie capiteuse. Et quand la flûte décolorée dit la tombée du crépuscule, je goûte atrocement la mélancolie de l'heure, je m'évade des réalités, je perds pied, je cède aux décevants mirages, je m'envole dans l'ombre peuplée de fantômes ; mon sentiment dompte ma raison ; je ne veux plus discuter en homme libre. Et je finirai sans doute par aimer certaine musique de M. Debussy, comme j'aime la musique de Schumann, d'un amour rageur, hostile et délicieux.

Cette tolérance parait être la résultante d'une certaine curiosité intellectuelle qui veut approfondir les phénomènes pour en bien connaître les causes. A la longue ces sortes de recherches finissent presque toujours par vous convaincre que l'on découvre du bon partout. Au fond, M. d'Udine est un classique, et il le confesse : « Je ne puis pas dépouiller le vieil homme classique » (1). Mais son inclination pour les ancêtres ne lui fait pas oublier le présent.

Il va sans dire qu'en sa qualité d'intuitif, par

(1) L. c., 327.

conséquent avec de petites lacunes dans le savoir, il se trompe parfois: mais alors de façon intéressante, parce qu'il sort des sentiers battus. De même il s'empêtre dans le détail quand il veut risquer une dissertation technique.

M. d'Udine avoue lui-même commettre des erreurs, et il le fait d'une façon charmante. En outre, il déclare très bien changer d'opinion, et je ne saurais résister au plaisir d'admirer encore une fois l'une de ses explications sur ce point particulier (1) :

Si je ne pèse pas toujours le pour et le contre de mes théories, afin de ne pas m'enliser dans un vain scepticisme, je ne m'attache non plus à aucune doctrine avec une aveugle obstination. La vérité se cherche comme les métaux précieux, par tâtonnements. Il peut y avoir beaucoup de coups de pioche donnés à faux, mais si le travailleur ne craint pas la fatigue, il arrive peu à peu à restreindre le champ de ses investigations, à serrer le gisement de plus près, et, parmi beaucoup de détritus, il finit par mettre au jour l'or à vingt-quatre carats. Vous le voyez, cher monsieur, je n'excommunie personne, je communie même fraternellement avec vous dans le Beau, mais sous des espèces différentes, et je tâche simplement de chercher, moi aussi, mon petit filon dans le grand placer esthétique.

Comme il est facile de le constater par ces quelques lignes, cet analyste ne s'érige pas en pontife, et parle avec modestie. Ses mots, heureux et séduisants, s'assemblent en phrases ingénieuses et persuasives qui pénètrent dans la

(1) *Courrier mus.* du 15 fév. 1904.

pensée. Son enthousiasme sympathique se communique et vous entraîne invinciblement. Bref, quand on lit M. d'Udine, on le subit.

La presse parisienne contient encore bien d'autres membres de valeurs diverses, par exemple MM. Reyer, Jullien, Torchet, Dukas. Il serait juste de mentionner également, parmi les jeunes, ceux qui semblent bien doués, qui commencent à faire leurs preuves, tels que MM. Calvocoressi, de la Laurencie et Mangeot.

On devrait enfin citer, en province, M. Destranges, à Nantes, et M. de Romain, à Angers. Mais nous n'avons pas à les retenir, parce qu'ils se rattachent à des modèles que nous possédons maintenant. Il faudrait alors se résoudre à des répétitions certainement inutiles.

Les divers types de notre critique musicale étant très sommairement examinés, nous connaissons donc les mouvements de tous les rouages de cette institution. Et comme nous avions fixé le passé, nous avons maintenant réuni, suivant la méthode de travail que nous nous étions imposée, tous les termes du problème à envisager. Il ne nous reste plus qu'à jeter cette matière première à une étude d'ensemble et de conclusion.

LIVRE SECOND

THÉORIE

CHAPITRE V

UTILITÉ DE LA CRITIQUE MUSICALE

La critique musicale se trouve dans une situation assurément étrange. Non seulement certains compositeurs et une infime portion du public contestent absolument son utilité, — ce qui, en somme, n'offre rien d'extraordinaire, — mais des critiques même se joignent à eux. Il est vrai que l'attitude de ces derniers surprend quelque peu ; on se demande pourquoi, étant donnée leur manière de voir, ils continuent d'exercer leurs fonctions.

Tout compte fait, cette coalition paraît inoffensive. Elle demeure peu nombreuse, s'affiche médiocrement convaincue et combat d'une manière peu redoutable. Les deux premiers points — le nombre et la conviction — étant rendus faciles à constater par un examen même sommaire de la situation, le dernier — la tactique — reste seule à démontrer.

Prenons tous les arguments de principe et de fait que l'on peut invoquer contre la critique musicale, et nous en déterminerons la valeur.

*
* *

De prime abord, une objection qui semble capitale : « La critique musicale, — dit-on, — est malfaisante, nuisible, car son principe est l'analyse, et l'analyse empêche l'émotion de se produire. »

C'est, somme toute, l'application particulière d'un principe général que, dans ses *Caractères* (1), La Bruyère a ainsi formulé : « *Le plaisir de la critique nous ôte celui d'être vivement touchés de très belles choses.* »

Il y a là, reconnaissons-le, une part de vérité. Je veux parler du cas spécial où le commentateur, se portant exclusivement sur les défauts de l'œuvre envisagée, croit à tort se rehausser dans la proportion où il rapetissera le compositeur. Mais on peut et même on doit agir autrement que ces esprits dont le champ de vision est restreint. La véritable critique ne saurait être l'épanouissement de la bêtise, ni même le charme du scepticisme. L'ensemble de l'œuvre est seul à considérer ; on n'accordera aux détails que juste l'attention qu'ils méritent. Goûter tout en apercevant les défauts, là est la véri-

(1) Chap. *Des ouvrages de l'esprit.*

table compréhension. Et notons que cela ne gêne nullement l'émotion. Au contraire ; on sent davantage quand on comprend, et on aime mieux quand on sait pourquoi l'on aime.

D'ailleurs, ici les investigations se font avec l'intelligence et non avec le scalpel. A proprement parler, aucun travail de dépècement n'est donc opéré ; la force vitale n'est pas atteinte en sa source. Par conséquent, on n'a pas à craindre que l'analyse d'œuvres musicales devienne forcément une autopsie de cadavres.

***

Une autre opinion s'est fait jour : « D'une mystérieuse gestation de l'esprit, pendant laquelle celui-ci, dominé par son idéal, trouvait ce qu'il ne cherchait pas et ne trouvait pas ce qu'il cherchait, la page musicale est née. Elle en a jailli comme l'eau sous la roche. A ce moment l'inspiration ignorait les commentaires futurs. La critique suit l'œuvre ; et n'exerçant aucune influence sur celle-ci, elle est, par conséquent, inutile. »

Assurément, le critique n'intervient qu'après l'auteur. Leurs tâches sont successives et non simultanées. C'est l'évidence même. Il faudrait cependant savoir si l'auteur, à l'instant de la conception, n'a pas été influencé, sciemment ou non, par des dissertations et des discussions antérieures qui l'ont éclairé. Très souvent un créateur n'a fait qu'entrevoir le but à poursuivre. Peut-être n'en a-t-il eu qu'une perception confuse! D'autres fois, il subit, sans bien s'en rendre compte, l'attraction d'une idée en vogue, idée qui est la résultante des efforts de la critique.

Admettons cependant — uniquement pour les besoins de la discussion, car la chose est impossible en fait — que l'auteur soit vierge de toute impression directe ou indirecte de la critique. Mais alors l'appréciation judicieuse et artistique d'un tiers prolongera son travail, le complétera. Dans l'avenir, elle pourra devenir utile et à la masse et à l'auteur lui-même peut-être (1).

La critique ne saurait provoquer l'éclosion du génie, c'est entendu ; mais il se présente des cas où elle guide le génie, donne une précision, un corps à une pensée. D'autant que le génie n'est pas seulement un don du ciel, mais surtout un résultat du travail.

Le grand Bach lui-même confessait la chose. Mais nous possédons mieux que ce témoignage, pourtant assez probant : une preuve matérielle, les carnets de Beethoven. Nous y constatons que les mélodies de ce dernier, loin d'émaner d'une inspiration soudaine, ne sont qu'un patient triage opéré sur un grand nombre d'ébauches successives.

(1) On n'ignore pas que fréquemment, en littérature, on a vu un écrivain tenir compte, dans de nouvelles éditions d'un ouvrage, des observations qu'aurait suscitées l'apparition de celui-ci. L'exemple le plus connu est l'*Atala* de Chateaubriand, dont la seconde version porte la trace des remarques de Morellet.

Cette répercussion de la critique musicale sur les compositeurs est contestée par certains d'entre eux. J'en connais un, notamment, qui affirme à qui veut l'entendre que jamais il ne s'occupe de ce que l'on pense de lui.

Eh bien ! sa bonne foi est tout simplement le jouet d'une illusion. En effet, rencontre-t-il un journaliste qui lui a été particulièrement favorable, il s'empresse de le remercier avec effusion, tant il est heureux d'avoir été compris. Et quand son interlocuteur explique qu'il a bien dit toute son admiration, que l'ouvrage visé constitue un véritable chef-d'œuvre, notre compositeur n'est plus alors en état d'ajouter un seul mot, envahi qu'il est par une émotion malencontreuse.

Voilà un de ces faits qui éclairent la psychologie de certains artistes d'une lumière terriblement saisissante, qui les montrent s'efforçant de propager des choses absolument invraisemblables, de colporter des contre-vérités. D'autres sont mieux inspirés qui reconnaissent d'eux-mêmes les services rendus dans cet ordre d'idées.

Ils ne se conduisent pas ainsi en habiles, comme, au cours de certaines discussions, l'on jette parfois en pâture des concessions à un interlocuteur hargneux pour éviter d'être dévoré ; ils sont de la plus parfaite bonne foi. Ceux-là comprennent que, sans la critique, ils ne se connaîtraient pas, et que surtout on ne les connaîtrait pas. Je me rappelle fort bien qu'au

Conservatoire, dans son cours de composition si remarquable et si intéressant, dont je conserve un inoubliable souvenir, M. Massenet confessait tenir le plus grand compte de tout ce qui paraissait sur ses œuvres.

Etant données les circonstances dans lesquelles se produisait la déclaration, j'estime qu'elle a sa valeur. Le plus malveillant ne pourrait accuser le maître d'avoir alors été guidé par l'intérêt.

La plupart des compositeurs partagent d'ailleurs son avis (1). Ils comprennent que celui qui veut rester fermé à l'opinion des autres, risque de s'enliser dans l'orgueil, l'entêtement, la bizarrerie, défauts qui étouffent les qualités intellectuelles les plus vigoureuses. N'est-il pas naturel, au contraire, de chercher à se voir confirmer par autrui ? Pour un auteur, chaque critique juste et approfondie n'est-elle pas une note ajoutée à son clavier ?

Bref, ces irréductibles adversaires de notre institution voudraient ici revêtir des artistes, qui sont des hommes, après tout, d'une sorte d'infaillibilité, alors que toutes les connaissances humaines ont éprouvé le besoin d'introduire le contrôle et la surveillance chez elles. On écarte des guides qui leur apprendraient à tirer parti avec méthode de leurs diverses

____

(1) On peut le constater dans l'enquête ouverte par la *Revue d'art dramatique*, dont il a été précédemment question.

qualités. qui non seulement les renseigneraient sur la direction choisie, mais encore sur lesquels ils auraient la faculté de s'affermir en cas de défaillance.

Et tout cela est le corollaire d'un singulier axiome consistant à professer gravement que deux tâches, qui sont forcément successives dans un ordre donné, ne peuvent devenir simultanées ou s'intervertir ! On énonce là une vérité inutile, autrement dit une naïveté. — Ces sots, grimés en philosophes, désarment par le sourire.

*
* *

On prétend encore qu'en particulier les novateurs ne doivent rien à la critique. Ils créeraient sans être captifs d'aucune théorie, d'aucune idée préconçue, pour ainsi dire sans s'en douter. Le génie édifierait seul, de toutes pièces, les tentatives nouvelles, les genres inconnus. Et l'on invoque à l'appui les noms de Gluck, de Beethoven, de Berlioz et de Wagner.

En l'espèce, on fait montre d'une ignorance absolue de l'histoire et d'une méconnaissance profonde de sa philosophie. Jamais un novateur ne manifeste une volonté, n'accomplit un effort qui ne relève de quelque antécédent. Toujours, bien qu'on l'ignore ou qu'il l'ignore, son acte est la résultante et le résumé d'autres actes qui l'ont précédé.

Je rappellerai, pour combattre cette ridicule

légende de l'isolement des artistes créateurs,
qu'il n'est pas un compositeur qui ne veuille
acquérir, peu ou prou, la science des moyens.
Pour cela, chacun doit dévoiler des secrets
d'exécution et d'habileté de main. Il étudie, en
conséquence, afin d'en profiter, les procédés
qui le frappent, et cela dans toutes les œuvres
qu'il juge utiles, que celles-ci soient remarquables, bonnes, ordinaires, médiocres ou mauvaises. Même un génie se forme ainsi à l'école
de tous ceux qui l'ont devancé. Faut-il répéter,
pour en rester aux seuls grands maitres, que
Beethoven procède d'Haydn, de Mozart et de
Rust? Que Berlioz a suivi une voie tracée par
Gossec et Lesueur? Quant à Wagner, ne recon-
naît-on pas aujourd'hui qu'il est l'aboutissement de toute une série d'efforts antérieurs?

Et à l'égard de l'un des compositeurs cité,
Gluck, nous avons la certitude qu'il a été touché
par des réflexions à l'adresse de l'art contemporain. Nous pouvons l'affirmer, car nous avons
la rare fortune de posséder des documents sur
son cas. M. Charles Malherbe a prouvé que la
plupart des idées et même des expressions de
la fameuse préface d'*Alceste*, l'évangile de la
réforme gluckiste, comme on le sait, se retrou-
vaient dans certains passages du comte Algarotti, un critique esthéticien (1).

Les novateurs eux-mêmes contractent donc
une dette de reconnaissance envers la critique.

(1) *Revue musicale* de 1902.

Le génie consiste moins dans l'absorption de matériaux nombreux qu'en l'assimilation de matériaux de choix, et cette dernière opération exige de la réflexion, de l'étude, par conséquent des conseils.

Voilà encore un argument sur la valeur duquel nous sommes maintenant fixés.

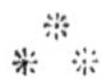

Un autre consiste à prôner l'absence absolue de toute espèce de règle. L'inspiration n'en aurait pas besoin. Plaire avant tout et n'importe comment, là serait le grand principe, le seul. On ajoute que, d'ailleurs, il est impossible de distinguer le vrai du faux, que chacun doit prendre son plaisir où il le trouve. Par suite, la critique deviendrait absolument inutile.

Avant tout, il faut plaire. Assurément, puisque l'art a pour but de mettre en jeu, d'une certaine manière, l'excitabilité de la machine humaine. Mais des moyens restent préférables à d'autres ; tous ne sont point également recommandables. Cela ne peut sérieusement se contester.

Alors, nous en arrivons forcément aux règles, par conséquent à la critique, dont la mission est de veiller à leur application, chaque fois que cela est indispensable. Il lui faut tour-à-tour, de toute nécessité, prendre la défense de l'art contre un public malveillant ou insuffisamment éclairé, souligner le charlatanisme et les habiletés de quelques-uns.

Qu'on le veuille ou non, il y aura toujours des règles; il est impossible de s'en passer. Les hommes de génie eux-mêmes ne sauraient s'en affranchir, et s'ils s'émancipent. ce n'est jamais que sur un nombre très minime de points, car ils observent tous les autres. Et non seulement ils respectent ainsi les principes justement consacrés, mais vont même jusqu'à s'en imposer d'autres.

Les règles sont gênantes, certes, mais elles demeurent utiles. Elles ménagent les idées du compositeur, lui permettent de développer, l'empêchent d'être stérile. On a dit bien souvent que les limites étaient des appuis. C'est très vrai.

Enfin on parle à chaque instant des hommes de génie. comme s'ils existaient seuls. Or, non seulement il n'y a pas qu'eux. mais ils ne forment qu'une exception. une infime minorité, les hommes de simple talent constituant la majorité. C'est alors que les règles deviennent indispensables. Malgré tout ce que peuvent dire ces ignorants, escortés de sceptiques, du moment qu'elles sont promulguées ou transformées par la convenance, et non par la routine, elles répondent à des besoins nouveaux, et ne restreignent nullement la liberté; elles ne gênent que l'anarchie.

* *

« La critique musicale, — déclare-t-on encore, — est un organisme bizarre, dont l'existence ma-

lingre ne se prolonge que grâce à une pure convention. Impossible de soutenir le contraire en
présence de la contradiction absolue qui caractérise ses manifestations. Une même production
est simultanément estimée confuse et claire,
noble et vulgaire, terne et colorée, intéressante
et fastidieuse, ample et restreinte. En réalité,
cette institution n'est tolérée que par le fait
d'une naïveté générale, d'une patience exagéré-
ment bienveillante. Pourquoi ces variations?
D'où viennent ces caprices? Quelle est la cause
de ces fantaisies? »

Il est loisible de répondre que la multiplicité
des contradictions ne prouve qu'une chose : la
diversité des goûts musicaux, et, par conséquent,
des jugements humains. Mais, tout bien considéré, il n'y a pas autant de différences qu'on le
prétend d'une façon aussi formelle et aussi
tranchante. Elles sont plus apparentes que réelles. Elles proviennent du parallélisme inévitable d'une critique consciencieuse et éclairée,
et d'une critique de mauvaise foi ou incompé-
tente.

Que l'on classe bien, en effet, les appréciations que suggère une œuvre donnée. On constatera qu'au fond, défalcation faite des non-
valeurs, des éléments suspects, et de quelques
bévues manifestes, il n'est qu'un seul et même
jugement, favorable ou défavorable, mais diffé-
remment motivé, selon le talent et le penchant
de chacun.

Cela s'explique aisément, car la vérité musicale n'est pas un mythe. Généralement deux opinions diamétralement opposées ne peuvent avoir à la fois tort et raison.

Pourtant, à certaines minutes, à certains tournants, cette vérité n'existe pas encore nettement établie, et l'indulgence doit être grande alors pour ceux qui se trompent de bonne foi. Au début de l'action qu'ils exercent, soit individuellement, soit par groupe, les artistes qui paraissent chefs de file, restent parfois hésitants, sinon en esprit, du moins en fait. Aussi leurs actes ne répondent-ils pas tout-à-fait à leurs théories; leurs manifestations n'acquièrent-elles pas une portée absolument significative, et souffrent-elles de tâtonnements, de contradictions. En un mot, la preuve qu'ils croient fournir complète ne l'est pas.

Par conséquent, le public, auquel se mêlent les critiques, peut, à bon droit, se trouver légèrement désorienté. Ces périodes d'attente, ces moments de gestation, inévitables et nécessaires, que l'on constate notamment lors des grandes querelles musicales, ne connaissent que des fragments de vérité. D'où erreurs faciles et pardonnables. Néanmoins, ce cas demeure particulier, sans contredire en rien l'existence de la vérité musicale.

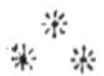

On affirme aussi que la critique musicale est fatalement insignifiante. Elle n'manquerait de variété. Ne consiste-t-elle pas, en effet et simplement, à qualifier un ouvrage de bon ou de mauvais? — Tel le thème, ancien et nu, que les littérateurs musicaux, sans y arriver d'ailleurs, s'efforceraient de parer avec l'attrait de variations nouvelles.

Voilà un sophisme contre lequel on ne saurait trop protester.

De tous les arts, la musique est celui qui reste le moins accessible au public. Sa compréhension est moins aisée que celle de la littérature, de la peinture, de la sculpture et de l'architecture. C'est, en effet, un langage spécial et subtil, dont il faut bien posséder l'usage, parfaitement connaitre les délicatesses. Il s'ensuit que, généralement, la foule n'estime pas du premier coup une composition à sa juste valeur. Elle n'en apprécie pas les détails intéressants, mais les effets frappants. Elle la jugera d'autant meilleure que l'on se sera davantage rapproché du « déjà entendu », du commun, du faux, du trompe-l'œil.

Des mesures s'imposent donc, réclamées contre l'inexpérience des uns et l'ignorance des autres. Pure question d'éducation qui est l'affaire des glossateurs. Le goût doit être cultivé comme le bon sens, comme la conscience.

Il existe peu de missions aussi utiles et aussi nobles que celle d'enseigner. Enseigner, c'est expliquer une signification ; c'est faire monter d'un degré inférieur à un degré supérieur ; c'est amener à comprendre des joies et des chagrins. Or, qu'y a-t-il de meilleur, sinon de mieux, que de s'associer à des joies et à des chagrins, que de prodiguer ainsi de la consolation et du soulagement?

On sait qu'il existe pourtant une sorte d'hostilité contre l'enseignement artistique, hostilité dont, j'avoue n'avoir jamais pu mesurer la portée. On est surpris d'en trouver trace dans le discours prononcé par M. Vincent d'Indy à l'ouverture de la *Schola Cantorum*. L'éminent et sympathique compositeur donne à entendre que, pour goûter pleinement la musique, il faut ou des ignorants qui se laissent naïvement aller à leurs impressions, ou des professionnels connaissant à fond leur métier. Il n'y aurait pas de milieu. Tout son mépris pour ce milieu est empaqueté et ficelé dans cette expression, qu'il aime à répéter : « Ceux qui ont appris l'harmonie. »

En somme M. d'Indy tourne ses rigueurs contre ce que l'on appelle vulgairement la demi-éducation, contre ceux qui ne savent pas assez pour saisir tout à fait.

C'est vouloir l'impossible ! La demi-éducation ne peut être supprimée. La pleine possession d'un talent quelconque n'a jamais été un fait spontané. C'est le résultat d'une évolution plus ou moins lente, qui exige des années de pratique, comporte des phases successives, des stades inévitables, auxquels correspondent des préoccupations déterminées, des états d'esprit particuliers. C'est précisément à un de ces états d'esprit auquel fait allusion M. d'Indy, état par lequel nous tous et lui-même, certainement, avons passé au cours de nos études techniques. Pendant un certain temps, on attache, — bien à tort incontestablement, — beaucoup plus d'importance à la forme qu'au fond.

La demi-éducation est donc une situation intermédiaire qui se tient à mi-côte entre l'ignorance et le savoir. Elle ne démontre pas le moins du monde, à mon avis, qu'il faille supprimer l'enseignement ; mais, au contraire, que celui-ci doit aider certains à franchir les étapes proches du but désirable.

La critique, en conséquence, indiquera, expliquera. Elle rappellera et démontrera notamment que l'on a parfois tort de savourer de la jouissance ou de ressentir de l'ennui. De même que la morale a pour principe de nous faire juges de nos plaisirs, de même la morale artistique, fortifiée par les analyses, doit nous apprendre à exercer un choix entre les diverses distractions musicales qui nous entourent. Et cette mission éducatrice de la critique s'affiche de plus en plus indispensable, étant données nos tendances esthétiques actuelles. Plus un art est ardent, riche et surchargé, plus il appelle, afin d'être étayé, de solides commentaires.

Nous nous heurtons enfin à un sentiment de

dédain et même d'hostilité qui se traduit ainsi:
« Jamais les professionnels de grand talent
n'exerceront la critique musicale, car jamais,
par le fait de leur valeur, ils n'auront l'idée de
s'adonner à une tâche de si peu d'importance,
aussi ingrate. »

Il y a là un préjugé. La critique musicale ne
serait que le pied-à-terre de la médiocrité,
l'hospice des compositeurs ou incompris ou
impuissants. Ce préjugé demeure pour ainsi
dire indéracinable. Il ne date pas d'aujourd'hui
à la vérité, car, parlant d'une façon générale,
La Bruyère avait déjà dit quelque chose d'ap-
prochant, dont il faut rappeler le souvenir (1) :
« La critique souvent n'est pas une science :
c'est un métier où il faut plus de santé que
d'esprit, plus de travail que de capacités, plus
d'habitude que de génie. »

C'était sévère pour quelques-uns des contemporains, mais, certes, ils le méritaient pleinement. On peut cependant faire remarquer en
passant que, malgré cette violente attaque, la
victime ne s'en porte pas plus mal, sa puissance
n'ayant toujours fait que s'accroître depuis
lors.

Au surplus, le grand écrivain ne s'est pas
aperçu qu'il se donnait un peu tort à lui-même
lorsqu'il affirmait, quelques lignes plus loin,
que, dans les ouvrages de l'esprit, « il y a un
point de perfection comme il y a un point de

______

(1) Chap. *Des ouvrages de l'esprit.*

bonté ou de maturité dans la nature ». Ce point
de perfection, le vulgaire est incapable de le
discerner, et c'est bien là le rôle et le devoir de
la critique. L'appréciation de La Bruyère sur
le compte de celle-ci n'était donc pas absolument juste, parce qu'incomplète.

Pour en revenir à notre domaine particulier,
il est incontestable que si la critique musicale
compte dans ses rangs beaucoup trop de médiocres, elle y voit aussi des hommes d'un
grand talent, d'une réelle valeur. Ces derniers,
véritables artistes, — ce beau titre employé
dans son sens le plus noble, — remplissent leur
mission en renforçant une œuvre d'art par une
autre œuvre d'art.

Bien qu'en pensent d'aucuns, tout commentaire ne reste pas forcément sans chaleur, sans
émotion, sans intérêt. Certains peuvent être la
détente d'un enthousiasme ardent, d'une colère généreuse, d'un frisson intense, d'une
espérance profonde ou d'une désillusion amère.
Pourquoi, à côté de la floraison d'une âme,
ne pas tolérer la floraison d'une autre âme, ou
au moins une belle élaboration intellectuelle?

En l'espèce, il n'y a pas infériorité, mais
différence.

* *

En résumé, aucune des allégations que nous
venons d'énumérer ne tenant compte des lumières de la raison et de l'évidence des faits,
leur réfutation s'offre des plus aisées. On a tort

de répéter que la critique est facile. Cela ne saurait s'appliquer qu'à la critique... facile. En réalité, elle est très difficile, et il faut distinguer entre les critiques comme entre les artistes.

La critique musicale est réclamée par une utilité supérieure. Tout l'appelle. Si elle s'institue conforme à sa destination et à sa nature, elle peut et doit tenir un rôle important vis-à-vis de l'esthétique musicale, des compositeurs et du public.

L'esthétique musicale, par suite de la surabondance des notions, de la suractivité intellectuelle, n'a jamais été aussi flottante qu'à notre époque. Cette situation provoque de véritables crises, pendant lesquelles on ne discerne pas nettement les diverses directions où l'on pense à s'engager. C'est alors qu'intervient efficacement la science critique, afin de fournir, à bon escient, des indications inconsciemment souhaitées, d'aider les pas mal assurés dans des voies nouvelles. Elle cherche à se rendre compte des lois qui régissent les œuvres significatives, des causes pour lesquelles tel genre plaît ou déplaît. Pourquoi lui contester ce droit de recherche?

Maintenant que tout est examiné, scruté, que rien n'échappe aux investigations de la science, pourquoi l'esthétique musicale émettrait-elle la prétention de se soustraire à cette règle générale, d'exiger un régime spécial qui, d'ailleurs, lui serait bientôt préjudiciable?

La critique est également nécessaire à la composition. Elle lui donne des conseils, lui signale les écueils contre lesquels il est possible de se buter, les pièges où quelques-uns sont tombés, lui impose l'obligation de rester sévère pour elle-même, de surveiller ses dires.

L'intérêt général n'a qu'à profiter d'une entente entre ces deux forces, d'autant qu'il ne s'agit pas le moins du monde de renverser les rôles, de réduire l'auteur à n'être qu'un fantoche dont le critique deviendrait le souffleur.

La critique, en outre, est indispensable au public. Elle appelle son attention sur des pages inconnues, lui explique des beautés. Les moindres détails en reçoivent leur véritable valeur, acquièrent de la sensibilité. Un trait caractéristique, que le compositeur n'a peut-être pas voulu, mais qui ne s'en trouve pas moins réalisé, est signalé. En un mot, les intentions sont accusées.

Mais la critique ne doit pas borner son rôle à celui de bon avocat ; il lui faut parfois dénoncer, remplir les fonctions d'accusateur public. Alors elle démasque les faux chefs-d'œuvre et les faux artistes.

N'oublions pas, enfin, que notre institution occupe une certaine place dans la littérature, qu'elle se soutient par sa masse et se justifie par sa durée. On compte avec elle.

Bref, pour condenser toute ma pensée à l'égard de la critique musicale, je dirai que sa lumière est un des phares d'une civilisation supérieure. Si on la supprimait, l'art en souffrirait cruellement.

CHAPITRE VI

DES DIVERSES ESPÈCES DE CRITIQUE MUSICALE

Si nous jetons sur la critique musicale contemporaine un coup d'œil d'ensemble, nous verrons qu'en somme, les principes qui régissent ses diverses manifestations se ramènent effectivement à cinq, ni plus ni moins. Nous arrêtant à des expressions qui seront justifiées par la suite, nous dirons qu'elle peut être subjective, objective, mixte, sociale et enfin médicale. En tâchant de noter les tendances de l'esprit, les traits de la nature de chacun de ces genres. il serait facile de se livrer à de multiples considérations, de disserter indéfiniment. Mais nous nous restreindrons. restant au strict minimum nécessaire, aux éléments qui nous seront ultérieurement indispensables à l'énonciation d'une conclusion. Nous examinerons donc tour à tour ces diverses critiques, en ne nous écartant pas des arguments favorables ou défavorables qui les peuvent escorter.

La critique subjective ou d'impression consiste à faire abstraction totale de la valeur intrinsèque d'une œuvre, et à tenir compte seulement de l'émotion provoquée par celle-ci dans notre être. Après avoir soupesé cette émotion. l'on donne le compte-rendu de ses sensations et de ses sentiments personnels.

En somme, ce procédé est une des variantes de l'art de raconter son « moi ». C'est lui qui rassemble le plus grand nombre d'adeptes. Et cela se comprend à merveille, car n'exigeant aucune connaissance spéciale, il se maintient à la portée du premier venu.

Dans un article intitulé *Technique et Critique musicales* (1), mon confrère M. Jean d'Udine parle de la critique en général, alors qu'il s'agit évidemment de la critique subjective, à laquelle vont ses préférences. Sous cette réserve, — car la précision est de rigueur partout et surtout dans des discussions de cette nature, — cet article explique l'essence même du sujet. Le raisonnement est celui-ci :

Du moment qu'il s'agit du choc produit par la vibration de corps sonores sur notre organisme d'abord, puis sur notre âme, on se trouve simplement en face du problème suivant : la transformation de nos sensations en sentiments. En d'autres termes, on n'a qu'à se demander si la sensation provoquée se métamorphose en sentiment agréable.

Vient alors la définition suivante :

« La critique musicale est l'évaluation du

(1) *Courrier musical* du 15 oct. 1901.

quotient sentimental d'un rapport ayant les sensations acoustiques pour dividende et le goût individuel pour diviseur. »

Cette définition, en soulignant le rôle capital donné au « goût individuel », met brutalement en lumière la nature du système. Si l'on veut bien la retenir pendant quelques instants encore, on verra, au cours de nos explications, qu'elle motive catégoriquement la condamnation de celui-ci.

Commençons par rechercher les avantages qu'offre la critique subjective, ce que, — chose curieuse, — mon sympathique confrère me semble avoir omis de faire. Nous en trouverons deux.

Comme sa source est dans notre cœur, au plus intime de notre être, elle saura facilement opérer un choix entre les nombreuses pages arrivées à l'existence, pour nous indiquer celles qui ont été conçues dans l'inspiration, dans la conviction, et celles qui, au contraire, n'ont pas de zône d'émotion.

Comme, d'autre part, elle procède ou du moins a la faculté de procéder de l'imagination, elle sait favoriser, chez l'écrivain, l'esprit d'invention, la fantaisie nomade, l'imprévu ardent, le pittoresque varié, et lui permettre ainsi de « créer » dans le sens véritable et noble du mot. Avec elle, on peut assister à un jaillissement spontané d'âme fervente.

Quant aux inconvénients de la critique subjective, il faut avouer qu'ils dépassent en nombre ses avantages.

En premier lieu, son principe même découle d'une considération absolument discutable. On dit, en effet, que la musique étant l'art d'émouvoir par les sons, le critique doit, avant tout, être ému, et ne pas s'occuper d'autre chose. Mais alors on est amené à cette conclusion que, pour ceux partageant pleinement cette opinion, la volupté musicale est le seul but, l'unique désir. Dans ces conditions, s'ils affectent, par principe, de ne jamais accorder la moindre attention à la valeur intrinsèque de la musique, ils seront victimes de singulières erreurs. Il faut donc se méfier d'eux et surtout de leurs dires.

Et puis, ainsi que j'ai déjà eu l'occasion de l'indiquer, avec ce manque absolu de ligne de conduite, n'importe qui est alors en mesure d'exercer les fonctions de critique. Il suffit de savoir tenir une plume, et profiter des réflexions que l'on arrache ou qui échappent aux connaisseurs. Avec un certain éclat de style, on deviendrait un maître du genre.

Nous ne connaissons que trop, hélas! les conséquences de cette belle doctrine ouvrant toutes grandes aux phraseurs et aux bavards les portes d'un domaine qui, sans être expressément réservé à une élite, devrait cependant rester un peu moins banal! Combien y rencontre-t-on d'abeilles utiles dans le nuage des bourdons bruyants et des frelons pillards!

Ensuite, puisque l'on veut faire abstraction de la valeur intrinsèque de l'œuvre, et n'envisager que l'état d'âme où l'on se trouve en l'écoutant, il faudrait que les états d'âme de tous les critiques fussent absolument identiques les uns aux autres. C'es' l'évidence même, ou alors il ne saurait plus être question d'appréciation équitable et juste.

Or, les impressions changent avec les individus, et, dans un même individu, les goûts se modifient constamment, évoluent sans cesse. Tel approuve aujourd'hui ce qu'il désapprouvait hier. Dans ces conditions, comment ose-t-on proposer une telle méthode de travail, espérer inévitable une identité permanente entre les diverses émotions esthétiques, ériger une impression fugitive en donnée infaillible ? Pourquoi nous surcharger ainsi de principes funestes ? Pourquoi multiplier gratuitement les difficultés d'admettre ?

Les disciples de cette école subjective ont beau frapper tous les échos de leur profession de foi, par laquelle ils déclarent n'exprimer que des impressions, ils rendent en réalité des jugements. Ces jugements sont conformes au mode de beauté que chacun d'eux a choisi. Ceux-là disent bien que tous les goûts se valent, seulement ils préfèrent les leurs aux autres. Pourquoi cette prépondérance despotique de ce fameux « goût individuel » ? Pourquoi vouloir imposer sa manière de sentir, puisqu'en somme elle ne repose sur rien de fixe, d'absolu? Pourquoi s'étonner, par suite, que notre critique musicale contemporaine, qui obéit presque toujours à la ligne de conduite étudiée en ce moment, rencontre aussi peu de sympathie, soit si peu prise au sérieux?

Enfin, avec cette unique préoccupation de narrer sa jouissance, on glisse dans un grave inconvénient : le style du critique en arrive à négliger les idées pour les mots ; il abandonne le fond pour la forme. On est ainsi conduit à un pur jeu d'esprit, en somme à une variété bizarre du roman.

J'avoue avoir vainement recherché l'utilité de ce système. Il maintient, au contraire, le public dans l'erreur, l'entretient dans l'ignorance. Bien plus, avec de pareils errements, on ne se contente pas de rester inutile, on exerce une manière de ravage, car c'est parfois ce à quoi l'on aboutit en remplissant mal les fonctions qui sont votre raison d'être. Ici, nous sommes sur la route du progrès, ne l'oublions pas ; et quand, par malheur, on s'arrête, en réalité on recule, parce que d'autres vous dépassent.

Telle est la critique musicale subjective. Elle propose à nos intérêts de multiples désavantages. Les profits que l'on en peut recueillir demeurent bien minimes, pour ainsi dire nuls.

L'usage ignorera donc cette pratique, où il ne trouverait pas son compte. Avec une semblable préparation, la plupart des jugements continueraient de ne pas étreindre la vérité, d'être peu écoutés, de tomber dans le puits d'ombre. On en voudrait toujours au critique de ne pas faire de la critique, de ne pas voir juste plus souvent et plus tôt. Mais aussi, quand on sème la suspicion à pleines mains, est-ce une moisson de confiance qu'il faut s'attendre à voir lever?

Abordons maintenant la critique objective, que l'on qualifie encore de dogmatique, de pédagogique ou de scientifique, et qui, à l'état pur, ne se rencontre pour ainsi dire que dans le domaine de la conversation.

Ses partisans s'affichent avant tout ennemis déclarés de la critique subjective. « Etant données les bases de cette dernière, — déclarent-ils, --- on se place à un point de vue diamétralement opposé. On doit traiter en suspects ses impressions et ses sentiments, lutter contre eux, les dominer, et enfin considérer l'œuvre en elle-même. L'attention se concentre sur la forme, la forme sans laquelle, chacun le sait, aucun chef-d'œuvre n'a jamais pu palpiter. Imitons les savants qui constatent la valeur exacte des choses. Cela nous sera très facile, puisque la musique est, en somme, un art plastique, non pas vague, mais formel, autrement dit de l'architecture en mouvement. Et lorsque nous voulons étudier une œuvre, non pas plus ou moins superficiellement, mais à fond, il n'en faudrait pas rester à elle seule, mais remonter à son auteur, s'arrêter à celui-ci, voir comment il s'exprime, rechercher les lois esthétiques, physiologiques, psychologiques qui le commandent, ainsi que la génération d'art à laquelle il appartient. »

A première vue, cette doctrine semble bien répondre à la tendance qu'elle représente, accorder le droit d'analyse que la raison revendique. Elle séduit à certains égards. Les caprices d'un choix irraisonné, les écarts d'un enthousiasme illogique seront ainsi tenus en lisière, annihilés. Du moment que l'on ne voit plus selon sa disposition d'esprit, on pourra juger strictement. C'est le règne des principes techniques et esthétiques.

Malheureusement, avec la réflexion, l'on s'aperçoit bientôt que ce règne est également despotique. S'il favorise parfois l'épanouissement de la vérité, quand les principes que l'on invoque sont justes, raisonnables, nécessaires, appliqués avec opportunité, il laisse en revanche une large place aux chances d'erreur. C'est ce qui arrive quand ces principes sont erronés, ou quand, ne l'étant pas, on procède sans pondération, avec un rigorisme impitoyable, aveugle.

On part d'une donnée absolument fausse. Notre art n'est pas matériel. Il s'ensuit que les œuvres musicales ne constituent pas, à proprement parler, des êtres vivants ou des objets. Rien que cela doit nous mettre en garde contre

14

tout ce que l'on tire de cette donnée, susciter nos doutes, redoubler notre défiance. Nous verrons que nous n'aurons pas tort d'agir de la sorte.

Ce système ne sera viable qu'avec le respect des règles qui composeront son essence. Autrement il ne comptera pas. Mais si l'application de ces règles deviendra délicate, leur promulgation l'aura été encore davantage. N'admettant que la tradition pour base, et condamnant toute innovation, ou, au contraire, rejetant en bloc le legs du passé en ne considérant que les exégèses récentes, on aboutira forcément, suivant le cas, ou à la tyrannie d'un code de principes surannés, ou au servage d'une théorie nouvelle et sectaire de l'art musical. En d'autres termes, on en arrivera ainsi au parti pris, c'est-à-dire à un résultat impossible, inapplicable. Dans ses marches, la musique, loin de suivre une ligne droite, identique, chevauche partout comme une chimère. Méconnaitre ce fait, c'est entraver la fantaisie de l'artiste. Les règles doivent avoir en elles-mêmes une certaine élasticité.

Et on accorde ainsi beaucoup trop d'importance à la forme. Celle-ci ne saurait être négligée, assurément, car, sans elle, une œuvre n'est pas viable : mais, en somme, elle ne constitue rien en soi qu'un moyen. Elle n'acquiert de la valeur que dans la mesure où elle traduit l'idée. Par eux-mêmes, l'agrément de l'oreille ou la diffi-

culté vaincue ou l'habileté technique ne recèlent
rien qui captive l'âme. Un compositeur qui omet
ce point de départ demeure superficiel et artificiel, puisque sans tendresse, partant sans émotion décisive : la beauté lui échappera toujours.
Du consentement presque unanime, le principe
qui domine toute la matière est celui-ci : de deux
œuvres bien faites, la plus expressive est assurément la supérieure. Tous les autres préceptes
étrangers à cette exigence de l'expression — il
en existe et il en faut — viennent bien après.

Ensuite, corollaire nécessaire de ces principes absolus et farouches, on prononce en leur
nom un jugement sans appel. Alors on doit
admirer en vertu de cette décision implacable
du critique. Pourquoi donc une contrainte au
regard du lecteur ou de l'auditeur? Que fait-on
de leur libre arbitre, et surtout de leur esprit
d'initiative individuelle? Ne devrait-on pas,
au contraire, s'efforcer de développer autant
que possible celui-ci, qui se trouve de plus en
plus annihilé par certaines conditions regrettables de la vie moderne (1)?

Enfin, dernière considération qui a bien son
importance, elle aussi, car nous ne vivons pas
dans un monde imaginaire, irréel : cette allure
scientifique et cette sévérité de méthode man-

______

(1) Notamment l'intervention persistante et illogique de
l'État dans beaucoup trop de circonstances, l'envahissement
des grandes entreprises qui entraîne une diminution pro-
gressive du nombre des petits patrons, et l'influence néfaste
de la presse qui habitue aux jugements tout faits, aux opinions toutes préparées.

quent un peu d'agrément. Disons plus : on risque fort d'être pédant. Alors, on ne rassemblera autour de soi qu'un cercle restreint, car on se maintient ainsi trop en dehors de la portée de la masse. Or, il faut, au moins à un certain point de vue, tenir compte de la masse. C'est un devoir. En le négligeant totalement, en oubliant autrui, on fait acte d'égoïste.

Ajouterai-je qu'il se produit parfois un léger accident qui, je crois, incite à quelque modestie? — Je veux parler du cas où l'appréciation de la foule est plus juste que celle des connaisseurs. Et... cela s'est déjà vu.

La conclusion de ce que nous venons de voir, c'est que la critique objective pure ne saurait trouver accès chez nous, et que certains ont tort de réclamer avec ardeur son avènement exclusif. Du reste, je le répète, on la rencontre très peu à cet état pur, mais plutôt à l'état d'alliage, combinée avec la critique subjective, afin de prêter à cette dernière une consistance qui lui fait par trop défaut. C'est alors ce que l'on peut appeler la critique mixte, laquelle est assez usitée.

Ce mélange qui, à première vue, étonne peut-être, reste au contraire très admissible pour tous ceux qui réfléchissent.

A la vérité, il n'y a pas et même il ne peut y avoir d'antagonisme résultant de la dissemblance de ces deux principes. Les procédés subjectifs relèvent directement de la sensibilité ; les procédés objectifs, eux, découlent de la raison. Telles sont les différences.

Certes, dans ces conditions, la sensibilité et la raison se choquent parfois en désaccord, se contredisent ; mais cette particularité se présente seulement quand on s'obstine à écarter l'entente de ces deux manifestations. En réalité, entre l'impression et la science, entre l'extase et le métier, n'existent point une contradiction forcée, une rivalité féroce qui empêchent cette entente désirable. Car si la méthode objective étudie les causes et les effets, la méthode subjective sait très bien ne pas méconnaitre la légitimité de semblables recherches, leur laisser le champ libre. Il est donc possible de concilier l'émotion comme une manifestation du cœur, et le contrôle comme une sauvegarde de l'esprit. Rien, absolument rien ne s'y oppose, quand le malentendu est dissipé.

Seule, en définitive, cette critique mixte fournit les rares modèles accomplis. Mais pour obtenir ce résultat, le titre de l'alliage doit se présenter dans certaines proportions à établir. C'est un point que nous réservons, en faisant seulement remarquer pour l'instant qu'en général, cette critique mixte recèle une dose infinitésimale d'éléments objectifs, ce qui nuit naturellement à sa qualité.

La critique sociale, à l'instar de la critique

objective pure. n'a guère, jusqu'à présent, franchi les limites de la discussion verbale. Elle compte quelques adeptes dans le socialisme, et d'autant plus déterminés que généralement, on le sait, ce parti politique s'obstine à dénier à l'artiste toute espèce de mission.

Voici son projet de départ :

Il est inutile et surtout égoïste de considérer le plaisir comme fin seule de l'art des sons. Il faut, au contraire, se baser sur un principe utilitaire, un point de vue social : n'envisager dans l'œuvre que le but pratique, la portée sociologique. En d'autres termes, on doit juger une manifestation musicale selon qu'elle met en circulation des idées utiles à la masse.

En faveur de l'art inspirateur de la présente théorie, la « musique sociale », ainsi qu'on l'appelle, Eugène de Solenière a écrit un brillant plaidoyer dont j'extrais quelques lignes qui feront tout-à-fait comprendre le sens de cette nouvelle critique (1) :

L'art sera social, dans la plus noble acception du terme, ou il vaut mieux qu'il ne soit pas. Quant à ceux qui proclament que les étoiles du ciel ne luisent que pour une portion du genre humain, pour une sélection choisie par la fortune, ce sont des imbéciles qu'il faut plaindre ou des misérables qu'il faut combattre : puisque le mal est universel, puisque les douleurs sont anonymes, puisque la chimère naît dans tous les cerveaux, ne faut-il pas que l'illusion qui console, que l'enchantement qui endort, que le baiser

____

(1) *Notules et impressions musicales* (Paris. Sevin, 1902), 116.

qui divinise, soient le partage de toutes les créatures qui traînent leur calvaire sur la machine ronde ; et les meilleurs ne sont-ils donc pas ceux qui, dans les ornières de notre vallée de larmes, savent faire croître quelques fleurs et pacifier quelques souffrances ?

C'est en somme, accommodée à la musique, la doctrine d'un ouvrage de Proudhon, le père du socialisme, ouvrage qui a pour titre : *Des principes de l'Art.*

Arrêtons-nous quelques instants à cette application, à la « musique sociale » dont la critique sociale est devenue le corollaire. Avant d'étudier les conséquences d'un principe, ne faut-il pas commencer par examiner celui-ci ?

La véritable émotion esthétique nous améliore, nous grandit, car, en nous prêtant la beauté qui l'engendre, c'est-à-dire la bonté, elle nous suggère des idées élevées, pures, développe les facultés de notre âme, nous sort de la vulgarité de l'existence. La musique, traductrice de beauté, est donc éducatrice, morale, par conséquent utile et sociale au plus haut degré. C'est même, car on sait qu'elle adoucit les mœurs, une grande pacificatrice. Pour toutes ces raisons, cet art des sentiments nobles et sains, a une mission de progrès et de civilisation. Il ne doit pas rester un fait isolé, exceptionnel et il faut que le peuple en profite.

Cet ensemble de considérations est pour ainsi dire vieux comme l'humanité, car certaines pages de l'histoire des temps passés nous en accusent des traces caractéristiques dans le temple et sur la place publique. Nous rappellerons simplement les exemples qui s'offrent immédiatement à l'esprit : dans les coutumes primitives, la musique recherchée par les cérémonies religieuses ; dans l'antiquité, les jeux olympiques ; enfin, dans nos annales françaises, les fêtes nationales qui surgirent des ruines de la Bastille.

Notre art se classe donc dans la catégorie des créations humaines les plus nécessaires. C'est incontestable. Mais il faut se demander si, comme l'affirmait de Solenière (1), la musique sociale existe actuellement, et si Richard Wagner a été le prototype de « l'artiste social ».

Prétendre que Wagner a écrit surtout pour le peuple, c'est là, je crois, une de ces thèses que l'on n'oserait pas soutenir sérieusement, c'est-à-dire dans une conversation avec un interlocuteur qui serait votre égal en intelligence.

Je n'ignore pas que l'auteur de *Tristan* a défendu les barricades de Dresde en 1849, après avoir publiquement réclamé la suppression de la noblesse ; qu'il a même été frappé de la peine du bannissement. Sur ce thème pourront être brodées toutes les variations possibles ; mais on aura beau jeu d'opposer à ces tirades déclamatoires l'ironique démenti des faits. L'idéal musical qui enveloppait alors notre musicien s'est légèrement vola-

(1) L. c.

tilisé par la suite. Je ne sache pas, en effet, qu'à un certain moment de sa carrière, lorsque la protection du roi de Bavière lui permettait de réaliser toutes ses volontés, il ait jamais songé à régulièrement convoquer le peuple aux représentations de ses ouvrages. C'eût été cependant l'occasion de le faire.

Prenons ensuite l'œuvre wagnérien en lui-même. Croit-on qu'avec ses infinies complexités, sa splendeur sera jamais comprise dans les foyers populaires? Entrevoit-on, après y avoir réfléchi, la possibilité d'un tel avénement?

Nous plaçant en face de la réalité vivante, disons-le sans détour :

La musique sociale n'existe pas. Le peuple n'est plus artiste ; il a encore le sentiment du Beau cependant, mais à l'état rudimentaire, et entouré d'une couche d'ignorance et de vulgarité. Il n'admet plus, comme autrefois, un art populaire, pour les humbles. Goûtant les bienfaits d'une sage égalité sur le terrain juridique, il veut ce même régime dans le domaine artistique ; il va aux œuvres dont se délecte la bourgeoisie, mais aux plus mauvaises.

Le problème de la musique sociale serait résolu, je pense, le jour où l'idéal général étant plus calme, plus vigoureux, presque toute la grande musique quitterait la direction suivie en ce moment, pour devenir excessivement simple. Le peuple pourrait alors véritablement goûter des productions conçues dans cet esprit (1).

Des hommes d'initiative ont déjà commencé ce mouvement simplificateur et régénérateur à un point de vue matériel, facilement accessible à tous. Des tentatives d'art social se font actuellement dans le mobilier, tentatives passionnantes, dont la valeur réside dans l'harmonie des proportions, et la beauté de la ligne. Attendons quelques années pour voir ce qu'elles donneront, et décider si l'on pourrait les prolonger dans d'autres régions de l'art.

Mais lorsque, généreuse et sans coterie, la musique sociale sera entrée dans la réalité, la critique sociale ne serait pas admissible. Du moment que cette critique comporte la disparition de tous les genres connus au profit d'un seul ; qu'elle entend proscrire certaines formes de beauté à l'exclusion de certaines autres, par suite refuser le génie à ceux qui n'estiment pas comme elle, elle ne paraît pas justifiée. On aboutirait à un véritable ostracisme. Elle serait une machine de guerre à l'usage de ses partisans, un instrument d'oppression et de contrainte.

(1) Telle est, je crois, la solution. L'on ne se figure pas aisément un ouvrage musical qui, dans le but de plaire à la généralité sans exception, réunirait les qualités les plus opposées, ouvrage où se croiseraient la simplicité enfantine pour la masse, et la profondeur compliquée pour l'élite. Dans ce cas, ceux qui n'aiment que les idées bien claires ne sauraient priser les passages complexes, pas plus que les pages sans apprêt n'arrêteraient les raffinés. Jamais la totalité du public n'admirerait la totalité de l'œuvre.

* *

Parlons enfin de l'idée exprimée par M. le docteur Toulouse, et défendue par M. le docteur Maurice de Fleury, de recourir — je conserve les expressions de ces deux médecins — à « l'intervention médicale », à une « critique technogénique (1) ». Si l'on n'y trouve pas d'inconvénient, je qualifierai plus simplement cette critique de « médicale ». Elle s'appliquerait d'ailleurs à tous les arts sans exception.

Ces réformistes déclarent que la critique d'art laissant à désirer, se portant mal, elle deviendrait par là justiciable d'eux et de leurs confrères. La thèse s'affirme même avec un certain autoritarisme, car elle ne tendrait à rien moins qu'à contester tout droit d'apprécier une création artistique à celui qui ne sait pas rédiger une ordonnance ou percer un abcès. Voici, en effet, les propres paroles de M. le docteur Toulouse : « Mon avis est que la critique littéraire et la critique d'art appartiennent à l'homme de science et à lui seul. »

Le raisonnement qui conduit à cette conclusion n'est pas moins étrange que celle-ci. Il consiste à se placer à un point de vue spécial et unique, à juger une œuvre d'art comme une production de cerveau. Et voici pourquoi : dès l'instant que l'on éprouve une sensation d'art,

______

(1) M. DE FLEURY, *Introduction à la Médecine de l'esprit* (Paris, Alcan, 1900, 6ᵉ édition), 147. — M. le docteur Toulouse est médecin de Sainte-Anne.

ce n'est pas seulement ressentir une impression de plaisir ou d'ennui, c'est poser un diagnostic, c'est savoir à quoi s'en tenir sur l'état cérébral de celui qui a créé cette œuvre d'art. Bien entendu, il faudrait pour cela réunir aux connaissances médicales une certaine éducation artistique.

La critique médicale, si je ne m'abuse, ne serait donc autre chose que l'étude, à la lueur des beaux-arts, du cerveau de l'artiste, en un mot qu'une province très modeste de la pathologie de l'intelligence.

Dans ces conditions, l'on peut se demander si elle ne deviendra pas plutôt une indication utile à la recherche du médecin, que l'argument suprême de l'appréciation du critique d'art, du critique musical en particulier puisqu'il nous intéresse.

J'incline fortement à penser que l'on a exagéré, pris la partie pour le tout, et qu'au fond, l'on a simplement voulu dire qu'en connaissant l'esprit et l'état d'esprit qui ont présidé à une création artistique, on comprend mieux celle-ci. Mais cette proposition ainsi ramenée à sa juste valeur, ne saurait que rallier la totalité des suffrages, car elle est l'évidence même. Il restera bien médiocre l'observateur qui, en présence d'un fruit, l'envisagera isolément, sans s'inquiéter de la plante dont il fut détaché.

La critique médicale ne me semble donc pas

sérieusement établie comme nécessaire. Ne comptons donc pas sur elle pour enrayer le mal et dater un renouvellement. Sa théorie ne fait que souligner une de nos préoccupations.

*
* *

Cette partie de notre travail étant surtout un exposé, elle ne saurait comporter nécessairement la recherche immédiate d'une conclusion de ce réseau de théories. Cette conclusion s'est laissée pressentir dans le moment de l'examen de la critique mixte; mais elle ne s'énoncera définitivement que plus tard, lorsque nous posséderons la totalité des éléments dont elle pourra se déduire.

CHAPITRE VII

RAPPORTS DE LA CRITIQUE MUSICALE AVEC L'ESTHÉTIQUE, LA PHILOSOPHIE, LA TECHNIQUE ET L'HISTOIRE.

Certains organes de la presse demandent par aventure à des hommes de lettres un article de critique musicale. Ces littérateurs, tout à fait étrangers aux choses de notre art, s'empressent néanmoins d'accepter la proposition qui leur est ainsi faite. Mais au moment de la réalisation de leur engagement, ne sachant comment se tirer d'affaire, ils prient un musicien professionnel de vouloir bien leur indiquer en traits sommaires la direction dans laquelle ils devront s'engager. Nous leur signalons les points qui semblent principalement solliciter l'attention, et ils se mettent à l'œuvre. Quand, par la suite, nous sommes amenés à lire les articles en question, nous constatons que, malgré leur allure séduisante, ils sont médiocres en réalité, leurs éléments constitutifs ayant été maladroitement combinés, mal utilisés. Ces éléments dépendaient les uns des autres dans des conditions que l'écrivain n'a pas su discerner. Là, réside toute la cause du manque de portée de ces sortes d'études qui deviennent un exemple à ne pas suivre.

Pour se maintenir dans le droit chemin, il faut que la route suivie s'aperçoive toujours bien. C'est une condition nécessaire. La critique musicale a la bonne fortune de la voir se réaliser à son profit, car, pour la guider dans ses recherches, quatre lumières se mettent à sa disposition.

Ce sont par ordre d'importance, l'esthétique, la philosophie, la technique et l'histoire. Serrons de près les rapports qui la relient avec chacune de ces sciences.

En principe, l'esthétique et la critique musicales sont des organismes d'essence à peu près identique. Toutes deux s'occupent du Beau dans les productions de la musique, la première déterminant ses caractères généraux, la seconde examinant si ces caractères se retrouvent dans les cas particuliers. Etant donnée la nature de l'objectif de ces deux genres de connaissances, ils se livrent également à l'analyse, s'efforcent de soulever des voiles qui recouvrent des mystères, étudient des effets et des causes, sèment des idées, cherchent à faire triompher la vérité.

Une corrélation intime, un secours permanent s'établissent donc entre la critique et l'esthétique. On sent toute l'aide que, pour certains examens approfondis, les indications de

celle-ci peuvent fournir aux hésitations de celle-
là. Dans ces conditions, il sera loisible de juger
plus facilement ici de la beauté de l'œuvre à
envisager.

*
* *

Tout ce qui concerne l'esthétique ainsi placée
dans des circonstances déterminées, se répé-
tera au sujet de la philosophie envisagée sous
un certain jour. Les fervents de cette dernière
ne sont-ils pas, eux aussi, des éducateurs, des
rêveurs, des contemplateurs de la beauté, des
penseurs, des investigateurs tâchant de tourner
des obstacles qui dissimulent des secrets ?

On n'hésitera pas davantage à reconnaître
que la philosophie confine également à la critique, quand on se souviendra que l'on peut
relever à l'actif de toutes deux le règne de la
morale.

Enfin, avec la philosophie, la critique musicale deviendra psychologique. Elle devra regarder si le sujet traité a été suffisamment et
habilement fouillé, si les caractères des personnages ont été tracés avec exactitude, si
l'œuvre a la profondeur et la vérité voulues. Là,
on sera mis en garde contre la fausseté d'expression, l'emphase, la boursouflure, et on sera
conduit à se méfier des qualités tout extérieures
de grâce et de charme.

*
* *

Les rapports envisagés jusqu'ici n'ont pas offert beaucoup de difficultés à être établis, leur évidence étant presque manifeste. Ceux qui existent entre la critique et la technique musicales commanderont plus de développements, car ils sont assez contestés par certains qui prétendent que ces deux branches de la science doivent absolument rester étrangères l'une à l'autre.

M. Jean d'Udine n'hésite pas à déclarer que « savoir distinguer la mélodie de Gounod de celle de Massenet n'est pas une supériorité musicale, mais témoigne d'une faculté de jouir de la musique très atténuée (1) ».

Sa pensée intime s'est révélée plus tard, dans un article dont nous avons eu à nous entretenir déjà (2). Pour lui, un abîme infranchissable s'ouvre entre le technicien et le critique, et on a tort d'exiger que le second se serve comme jauge des règles édictées par le premier. Il veut bien admettre cependant que le critique peut gagner à connaître la technique, mais il tempère aussitôt cette concession bienveillante par une condition rigoureusement exigible. Le juge, alors, fera totalement abstraction de ses connaissances spéciales au moment de l'audition, car s'il est amené à penser comme le composi-

(1) *Courrier musical* du 15 janvier 1900, 2.
(2) *Courrier mus.*, du 15 octobre 1901.

teur, il n'a plus, en somme, d'utilité, de raison d'être.

Du défilé de ces principes, M. d'Udine conclut, — logiquement d'ailleurs, — que n'importe qui peut s'ériger en critique. Et comme il est beaucoup trop avisé pour ne pas s'apercevoir que l'on aboutirait ainsi fatalement à des résultats absurdes, il atténue cette constatation en déclarant qu'il est cependant des degrés de valeur dans les appréciations musicales. Le seul élément qui dominerait toute la situation, serait la présence, chez le critique, d'une disposition naturelle, d'une intuition. Je citerai textuellement la fin de l'article qui résume cette thèse :

Seulement, je ne reconnais... qu'un seul facteur de réelle importance. Ce facteur, c'est l'intuition pure, et selon moi, le critique susceptible de paraître le meilleur à la généralité des musiciens sera tout bonnement le plus intuitif. Le proverbe dit que l'on devient cuisinier et que l'on naît rôtisseur. Je croirais volontiers de même qu'en art on peut devenir technicien, mais que l'on doit naître critique.

M. d'Udine, je le crains, a voulu s'offrir la fantaisie de cultiver momentanément le paradoxe, et il est facile de montrer la chose.

Il n'est pas juste d'insinuer que les vues des critiques soient absolument conformes à celles des compositeurs, qu'elles n'en diffèrent pas. Nous en avons journellement la preuve. Le contrôlé est complété par le contrôleur, et, pour celui-ci, les droits de la raison demeurent toujours entiers. Les deux rôles s'affirment sinon hostiles, du moins absolument distincts. Quant à la connaissance de la technique, elle n'amène pas le critique à penser comme le technicien, éventualité que semble particulièrement redouter mon aimable confrère.

On estime généralement, au contraire, que la possession de tous les secrets du métier, loin de nuire, est plutôt utile à celui qui remplit la fonction de juger des œuvres musicales (1). Allant même plus loin, je remplacerai le qualificatif d' « utile » par celui d' « indispensable ». Je répéterai encore une fois que si, d'une part, l'idée prime tout, et communique la valeur à la forme, celle-ci, d'autre part, ne reste durable que si elle est animée par la science. Le critique se trouve donc dans la nécessité de savoir apprécier cette dernière. Pour cela, il doit en avoir l'intelligence et le culte.

C'est, d'ailleurs, ce que reconnaît indirectement M. d'Udine lui-même quand il dit que, pour se prononcer équitablement, le critique appréciera les relations qui s'établissent entre le but et les moyens. Du moment qu'il s'agit d'étudier ces relations, il faut examiner non seulement le but, mais aussi les moyens, et on ne saurait le faire si l'on ignore la technique.

Ou bien, comment est-on capable d'apercevoir le sens que prennent, dans quelques cas, chez des auteurs heureusement inspirés, une

____

(1) C'était déjà l'avis de Plutarque (Voir l'ouvrage de MM. Weil et Reinach, dont il a été précédemment question, p. 137.)

foule de procédés plus ou moins connus ? Par exemple l'emploi typique de certaines phrases ou de certains fragments de phrases, les notes tenues et répétées avec insistance, des accords spéciaux, des modulations particulières, de brusques changements de ton ou de mode, des dispositions orchestrales caractéristiques ? Enfin, ne reste-t-on pas inhabile à distinguer les qualités grammaticales d'une page bien écrite ?

Je ne suivrai pas davantage M. d'Udine lorsqu'il déclare que tout le monde peut exercer la critique, et que l'intuition seule motive les degrés de valeur distingués dans celle-ci.

En somme, tout son raisonnement repose sur une analogie qu'il voudrait établir entre l'art musical et l'art culinaire. On naîtrait rôtisseur ou critique. Ce raisonnement est admissible, mais à une condition : il faut que le proverbe invoqué soit juste, ce fameux « On devient cuisinier, mais on naît rôtisseur ».

Or, ce proverbe n'est qu'un sophisme, car il ne signifie absolument rien. Bien rôtir est un accessoire du talent culinaire. Par conséquent, celui qui ne sait rôtir est un mauvais cuisinier. Voilà le fait brutal que l'on ne contestera pas.

Cependant on ne niera pas l'importance de l'intuition en matière de critique. Mais, à vrai dire, il n'y a pas là une particularité, car somme toute, les dispositions naturelles sont l'élément principal dont pas un métier ne saurait se passer. Sans elles, point de réussite complète dans aucune entreprise humaine.

M. d'Udine, par conséquent, a été paradoxal, comme je le disais en commençant. Il a dû s'en rendre compte, si l'on en croit les lignes suivantes (1) :

Je renonce à la critique. A proprement parler, je ne l'ai jamais cultivée et je m'en sens de plus en plus incapable... Pour juger, il faut s'appuyer sur des textes, sinon la justice est arbitraire et fantaisiste. J'ai bien, comme tout le monde, les balances plus ou moins précises de ma raison prêtes à recevoir les « ouvrages de l'esprit », mais les poids me manquent, hélas !... Si donc je mets une symphonie dans un des deux plateaux, je ne puis jeter dans l'autre que mes impressions personnelles. Une pesée de sentiment n'est pas une critique...

Ce séduisant écrivain a fini par comprendre que l'on ne peut édifier si une base vous fait défaut.

Du moment que, pour plusieurs causes, le savoir technique est absolument nécessaire pour l'appréciation motivée de la musique, on demandera sans doute si le compositeur n'est pas alors le critique idéal.

Je ne saurais encore me prononcer sur ce point sans envisager diverses considérations qui nous entraîneraient trop loin pour l'instant. Ou bien, alors, il faudrait s'en tenir à une réponse évasive, à une réponse de Normand, comme on dit. Un examen ultérieur de la ques-

(1) *Courrier mus.* du 15 oct. 1902 et *Paraphrases musicales,* 175.

tion, avec solution précise, est certainement préférable.

*
* *

Il nous reste maintenant à envisager les rapports de la critique avec l'histoire.

L'art musical, comme tous les autres, a été conduit à l'état où il se trouve actuellement, par des générations successives accumulant un labeur sans répit. Mais si la production a été ainsi perpétuelle, les produits ne sont pas demeurés toujours identiques entre eux, et leur nature a passé par diverses phases.

La connaissance de ces transformations est utile au compositeur et au critique. Et si le premier ne peut retirer que du profit à posséder les diverses manières qui ont précédé celle de son temps, le second surtout ne doit pas rester ignorant à cet égard.

Si le critique, en effet, s'obstine à méconnaître les indications de l'histoire, il en arrivera forcément à ne pas comprendre les œuvres d'un idéal autre que celui du moment. Ou bien, s'il les admire, il sera peut-être amené à le faire à contre-sens. Dans les deux cas, ceux qu'il a mission d'éclairer seront induits en erreur. Lorsqu'on est l'ouvrier d'une tâche, il faut se trouver en état de l'accomplir honnêtement.

Quant à juger la musique moderne, c'est une erreur profonde de croire qu'il pourra se tirer d'affaire sans l'histoire, rien qu'avec l'esthétique. Le concours de celle-ci ne lui suffira pas, car, pour apprécier pleinement, il faut une certaine connaissance des précédents, une sorte d'initiation (1).

Ce point de vue, qui fournit plus d'éléments de contrôle, ne reste pas le seul ; il y en a encore un autre. En matière artistique, ce qui est bien exécuté, mais a déjà été dit, cesse d'être bien. Une copie ne vaut jamais un original. Or, pendant un certain temps, une page aura été abandonnée dans les déserts de l'oubli, et, un beau jour, elle sera parée des attraits pimpants de la mode. Dans ces conditions, si l'on est ignare, on ne s'apercevra pas de la duperie, et on en deviendra la victime.

Enfin, rappelons simplement l'impression regrettable que nous avons éprouvée en présence de théories et de raisonnements étayés sur des faits historiques inexacts. Cette constatation ayant été précédemment illustrée par les exemples de Berlioz et de MM. Bruneau et Combarieu, nous n'avons pas à y revenir.

Nous avons vu l'intérêt majeur qu'il y a pour la critique musicale à s'adjoindre tour à tour

(1) Ainsi, M. Emmanuel, dans la *Revue de Paris* du 15 juin 1901, et M. Mortier, dans le *Courrier musical* du 1er mai 1904, ont parlé du réalisme musical ; mais on trouve une énorme différence de valeur entre les deux études, le premier ayant fait appel à l'histoire, et le second ayant insuffisamment recouru à cette aide précieuse.

soit l'esthétique, soit la philosophie, soit la technique, soit l'histoire. Ces diverses sciences ne recélant rien qui les exclue mutuellement, qui gêne leur rapprochement ni même leur groupement total, cette alliance offre-t-elle quelque avantage?

Assurément, car l'union fait la force. Cependant cet ensemble de connaissances ne donnera pas satisfaction pleine et entière. D'autres éléments, que nous aurons ultérieurement à signaler, lui manquent encore. Il constitue néanmoins la base solide de toute recherche sérieuse.

Sans lui, le critique devra craindre de parler haut et ferme, car il aura des chances de se tromper, d'assigner à l'œuvre proposée à son observation, la place qui ne lui convient pas, de ne pas distinguer avec exactitude de quel type elle relève.

Sans lui, comme en présence d'un nouvel horizon, jamais une adhésion unanime ne décide de sa valeur, il ne saura pas s'il faut ou s'enthousiasmer, ou lui rester étranger.

Sans lui, il ne pourra discerner le Beau, chanter l'éloge, prononcer le blâme, combattre l'erreur, contredire les banalités, bouleverser les hiérarchies reconnues pour procéder à un nouveau classement.

Sans lui, il sera gêné pour écarter un art secondaire ne proposant que des produits médiocres.

Sans lui, en un mot, il perdra de vue son

objectif qui consiste à être un visionnaire de la réalité. Sur un point douteux concernant le passé ou le présent, il ne trouvera qu'avec peine la vérité de son temps et de tous les temps.

CHAPITRE VIII

QUALITÉS DU CRITIQUE MUSICAL

SYNTAXE DE LA CRITIQUE MUSICALE

Les sujets traités et les considérations invoquées précédemment peuvent se ranger sous deux chefs principaux, que nous formulerons ainsi, pour la suite de nos recherches : qualités du critique musical, et syntaxe de la critique musicale.

Il va sans dire que l'ensemble de préceptes auxquels nous allons aboutir, est un souhait, un desideratum, et que jamais personne n'en accomplira la réalisation complète. Si, par aventure, l'on arrivait à rassembler la collection intégrale des vertus et des talents désirables, on atteindrait ainsi à la perfection. Or, nous savons que celle-ci n'est malheureusement pas de ce monde.

Il en résultera exactement ce qui se passe pour la médecine, par exemple. Les ouvrages de physiologie donnent bien des descriptions détaillées du corps humain; mais on aperçoit là un être qui n'existe nulle part, un type que l'on a constitué, pièce à pièce, d'une série d'organes dont chacun a eu son aspect établi dans une suite d'observations. Dans la réalité, il n'est pas un homme dont l'organisme ne recèle une anomalie quelconque, un muscle atrophié, un organe trop volumineux, une déviation d'os ou de cartilage, etc. Cependant, personne n'aura jamais l'idée saugrenue de prétendre que les ouvrages en question, sous prétexte qu'ils enseignent une impossibilité, sont inutiles, doivent être supprimés.

Toutes proportions gardées, on incline à croire qu'un semblable raisonnement, dirigé contre un ensemble de règles modestement proposé à l'usage de la critique musicale, ne serait pas fondé davantage.

*
* *

La première nécessité pour bien remplir une fonction quelconque est, nous l'avons vu, la jouissance d'aptitudes spéciales. Il importe peu que ces dispositions soient innées, qu'elles vous aient été imposées par la rigoureuse discipline et les rationnels conseils de tiers, ou que vous-même les ayez spontanément recherchées et cultivées. Leur réelle possession demeure le principal. Ce penchant secret, précédant et primant toute autre condition, il fallait le signaler en abordant les qualités du critique musical, puisqu'il constitue leur base même.

Le second avantage primordial est le souci de maintenir l'équilibre normal et la force régulière de son intelligence. Sachons regarder les idées en face, et reconnaissons que la stricte observation s'impose des règles hygiéniques du corps et de l'esprit.

D'autres dons ne sont pas moins indispensables. Tout d'abord, un commentateur doit savoir distinguer des détails et des nuances inégalement saisissables qui feront discerner des qualités et des défauts, aideront à apprécier et à comparer. Cet acte, souvent hérissé de difficultés, exige, pour être mené à bien, en plus de connaissances nécessaires, quelque finesse de compréhension, une extrême délicatesse, la plus grande subtilité, un goût très sûr, un esprit extraordinairement sagace, l'absence d'idées préconçues.

Ajoutons-y une certaine accessibilité à l'émotion, — une émotion pas maladive, bien entendu, — car la froideur, loin d'être une garantie d'impartialité, constitue souvent, au contraire, une cause d'erreur. Mais raison et raisonnement doivent ici entrer en scène dans une certaine mesure, afin de contrecarrer les effets d'une excessive sensibilité. Il faut se tenir sur ses gardes, en effet. La musique nous enveloppant, nous ébranlant et nous possédant, est non-seulement le plus vivant, mais le plus puissant de tous les arts. Or, à l'égard d'une puissance quelconque, la méfiance s'impose, afin de n'en point devenir le captif ou le jouet.

Passons aux qualités morales. Le critique remplit une mission, exerce une magistrature.

Il recherchera donc une honnêteté inaccessible à la tentation, une probité indiscutable. l'éloignement de toute considération personnelle et de toute rancune, le choix d'un point de vue élevé pour se prononcer. En songeant que ses décisions influent sur le sort et le succès des ouvrages, les scrupules de conscience lui viendront. Il voudra toujours rester convaincu, de bonne foi.

Il exigera cette dernière qualité non-seulement chez lui, mais aussi chez les compositeurs, se montrant sympathique à la sincérité, même lorsqu'elle est sans adresse, mais sévère à l'hypocrisie, même quand de nombreux attraits l'enguirlandent. Il défendra l'art contre l'industrialisme. Il rappellera, quand cela deviendra utile, que certains succès constituent la plus inconsistante et la plus fugitive des popularités, puisqu'ils ne siègent pas dans la région supérieure du Beau, et qu'ils se briseront contre des personnalités plus fortes.

La bienveillance, notamment pour les débutants et les talents méconnus, la modestie, la franchise, mais surtout l'abnégation et le désintéressement sont également indispensables à l'interprétateur. Non! que l'on ne soit pas rebuté par une besogne utile, mais ingrate, qui ne récompense que par la satisfaction.

Quant à la franchise, également elle s'exercera à l'égard de ceux qui occupent dans le monde musical une situation universellement reconnue et appréciée, même dans le cas où ils seront ceints de la couronne de cheveux blancs. Pas de privilégiés! C'est, je crois, l'intérêt général. Que la vérité toujours éclate. Qu'elle répudie l'impertinence, je le veux bien; mais, d'un autre côté, la bosse de la servilité doit être absolument inconnue dans la phrénologie du critique.

L'écrivain n'oubliera pas, enfin, que son jugement se double d'une leçon. Or, une leçon ne produit de l'effet que dans la proportion de l'attrait recélé par son érudition agissante. Sans aller jusqu'à une extraordinaire virtuosité de plume, son travail doit conserver une certaine tenue littéraire. Mais que l'on ne perde pas de vue qu'il s'agit de littérature dont la musique est le fond, et non point de littérature toute pure; en un mot de littérature musicale et non point de littérature à masque musical. Le masque n'est qu'une grimace, et la plus insupportable de toutes, car elle reste immuable.

S'il est digne de ce nom, le critique musical, au moment de classer un auteur ou une œuvre dans la hiérarchie des groupes, voudra faire abstraction d'un critérium de beauté basé sur l'assentiment de la foule, négliger la commune sensation, autrement dit agir de ses propres ressources, suivre ses inspirations particulières. Pour opérer alors cette classification, il aura le choix entre plusieurs procédés. Mais comme l'opération exige de l'exactitude, tous les éléments qui s'offrent ainsi à lui ne sont pas également utilisables. Quels sont donc ceux qui le doivent particulièrement solliciter?

Une réponse complète à cette question ne sera pas autre chose, en définitive, qu'une syntaxe de la critique musicale. C'est précisément celle-ci que nous allons essayer de dégager

*
* *

Au cours de l'examen auquel nous avons soumis les différentes espèces de critique musicale, nous avons vu que nos préférences devaient s'arrêter à un alliage de principes subjectifs et de principes objectifs, à ce que nous avons appelé la critique mixte. Rappelons en quelques mots les motifs de notre choix, les avantages et les insuffisances de ces deux points de vue opposés, que nous utilisons ensemble après avoir écarté chacun d'eux en particulier.

La critique subjective dit avec raison que la musique exprimant des sensations et des sentiments, l'émotion esthétique est la preuve que ceux-ci sont bien et justement traduits. De sorte que cette émotion devient non-seulement un but, mais aussi un témoignage de beauté.

D'autre part, on a tort de prétendre qu'une musique mesure sa valeur à l'intensité de l'émotion qu'elle suscite, car une œuvre provoque des effets absolument dissemblables chez différentes personnes. Ainsi la multiplicité des points de repère fait qu'en définitive, il n'en existe pas. On peut être ému, et l'œuvre ne rien valoir.

Quant à la critique objective, elle réclame à bon droit une justification rigoureuse des moyens employés, l'explication du caractère d'une œuvre par l'action des causes. Mais elle fait fausse route, en revanche, lorsqu'elle veut imposer l'usage de principes, de règles et de formules dont l'évidence serait soi-disant incontestable. Elle ne tient pas compte des nombreuses influences qui composent d'infinies exceptions à sa série de préceptes.

L'union des qualités de ces deux écoles hostiles l'une à l'autre, aboutit, par contre, à un moyen terme fort acceptable. Nous concilions ainsi la doctrine et la liberté, la raison et l'imagination. Nous reconnaissons la valeur musicale à un certain sentiment de l'art, et à une heureuse curiosité pour les combinaisons sonores. Si, d'un côté, nous refusons le génie au musicien qui n'est qu'un manieur de notes, même prodigieux, de l'autre, nous pouvons discerner un homme génial au milieu de ses maladresses techniques.

En un mot, nous sommes des libéraux qui désirons voir les choses telles qu'elles sont. Nous n'entravons ni la maîtrise de la main, ni celle du cœur, ni celle de l'intelligence, et nous échappons au chaos de l'ignorance, au caprice de la mode, à la tyrannie de la routine et à l'étreinte du paradoxe.

Sans tarder davantage, abordons maintenant le point précis, dans lequel réside, en somme, le nœud même de la question : Dans quelle proportion ce mélange des deux éléments doit-il s'effectuer?

Si l'on examine attentivement les commentaires dignes d'être proposés en modèles, et si, dans ceux qui se montrent à peu près satisfaisants, on tient compte des lacunes dont ils souffrent, je crois que l'on aboutit à la réponse suivante :

La critique mixte doit réunir, en quantités sensiblement égales, l'élément subjectif et l'élément objectif.

Si elle reste presque toujours constituée ainsi, la critique mixte descendra de tout le poids de sa valeur, et peu à peu refoulera forcément les autres. L'élément objectif intervenant de façon aussi catégorique, étant placé, contrairement à la généralité de l'usage, sur le même pied que le subjectif, comment rapprochera-t-on ces deux frères ennemis, de façon que leurs concours s'additionnent, se complètent sans se contrarier? En d'autres termes, pour arriver, avant de juger un auteur, à bien comprendre ce qu'il a voulu, que fera le critique musical?

Se servant d'indications déjà recueillies pendant l'exercice de nos recherches, et y ajoutant un nouveau principe, on incline à penser que

16

le glossateur, pour aborder la signification d'une œuvre, doit appeler à son secours l'éclectisme, l'esthétique, la philosophie, la technique et l'histoire. On peut donc proposer les cinq préceptes suivants qui s'influencent mutuellement dans leur association :

1° *Se montrer éclectique, c'est-à-dire rejeter l'asservissement étroit à une doctrine esthétique, philosophique ou technique.*

Au fond, n'est-ce pas une pure question de bonne foi pour le critique de s'imposer l'état d'esprit qu'avait choisi l'auteur? De plus, en consentant ainsi à ne pas être soi-même un instant, il est possible d'aborder les ouvrages de tous les temps et de tous les pays, considérés dans leur conception originale. Aucune manifestation de beauté ne vous demeure systématiquement étrangère. Il est loisible d'aller d'une extrémité à l'autre du domaine musical, de la sensation rudimentaire et surtout physiologique de l'Italien jusqu'à la rêverie de l'Allemand, en passant par l'aimable sensibilité du Français.

Cependant, il arrivera parfois que l'on ne saisisse pas clairement, dès l'abord, les intentions de l'artiste. Quand le fait résultera d'un manque de force et de netteté de celui-ci, il y aura faute de sa part. Aucune remontrance à lui adresser, au contraire, s'il a traité un cas exceptionnel, un sentiment nouveau, ou vague, ou fugitif. Pourquoi, en effet, de la mauvaise humeur et de l'hostilité au moment où un redoublement d'attention s'impose?

2° Rechercher dans l'œuvre les caractères généraux de la Beauté, lesquels n'existent pas si l'émotion reste absente.

Il faut tenir compte de l'effet produit par l'œuvre, des sentiments que l'on éprouve à son contact. Déterminer ensuite, entre les genres connus, celui ou ceux auxquels on doit alors s'arrêter. La tâche d'opérer une classification présente parfois une certaine difficulté, car il n'est pas de ligne de démarcation bien tranchée entre ces divers genres, et une confusion peut facilement s'établir. Un soin extrême est donc de rigueur.

Se poseront enfin les questions suivantes: Y a-t-il improvisation ou travail mûri, réelle inspiration ou facilité ? Quelle est la destination de l'œuvre comme distraction ? Est-ce une pensée élevée ou un passe-temps agréable pour apporter une trève à des occupations quotidiennes ? Quel public sera intéressé à la tentative ?

3° Étudier les rapports entre la forme et l'idée.

Nous tâcherons ensuite de découvrir les sentiments intimes, les penchants, les goûts, les désirs, les aspirations qui ont pesé sur le compositeur au moment de la procréation artistique, et de savoir si son état d'âme était commun ou particulier, de son temps ou non. Nous

nous efforcerons de dégager les forces dont l'action concordante a provoqué les pages que nous étudions. Mais nous n'oublierons pas que plus un artiste est original, plus on éprouve de difficulté à l'expliquer par des causes générales. Certaines influences à peine saisissables interviennent alors.

Pour arriver ainsi à ce qui est issu du plus intime de l'être du créateur, et antérieur à l'acte de sa raison, nous devrons envisager le caractère de l'œuvre plutôt que la technique, ne pas trop nous arrêter à l'extérieur, à l'enveloppe, mais pénétrer jusqu'à l'intérieur, jusqu'à l'esprit. En effet, bien qu'il s'agisse en cet instant du rendu et de sa justesse, la forme est ici relativement secondaire, car les mêmes procédés sont également employés par beaucoup dont les tempéraments artistiques ne se ressemblent nullement. On ne négligera pas non plus la ressource des connaissances générales.

4⁰ *Examiner la forme en elle-même.*

A un certain moment, le côté matériel sera scrupuleusement considéré. Sans aller jusqu'à s'agenouiller devant d'inutiles prouesses de contrepoint, ce refuge des impuissants, on attachera cependant une certaine importance au contenant de l'idée. Les dispositions des éléments iuterprétatifs sont-elles heureuses? La mélodie s'épanche-t-elle suffisamment? A-t-on particulièrement soigné l'harmonie? Les dialogues se maintiennent-ils intéressants entre les diverses parties? Comment les timbres s'unissent-ils et s'opposent-ils les uns aux autres? Comment se développent les transformations rythmiques et mélodiques? L'ouvrage est-il satisfaisant dans son ensemble ou dans certains détails seulement? Y remarque-t-on de la clarté ou de l'incohérence, de la simplicité ou de la complexité?

5⁰ Discerner si l'on se trouve en présence d'une nouveauté, soit d'un idéal connu ou imité, soit d'un vulgaire plagiat.

On se tiendra d'abord très au courant de ce qui se passe et de ce qui s'est passé. Pour que ce savoir historique ne devienne pas inutile, on retiendra ce que l'on possède.

Alors on pourra s'occuper de l'école à laquelle appartient le compositeur, du milieu où il vit. Ensuite l'œuvre sera comparée avec d'autres du même auteur, afin de s'assurer si elle est mieux ou moins bien pensée. Même travail de comparaison avec les productions similaires, non-seulement du pays, mais de l'étranger.

Quant au plagiat, il devra, pour être proclamé, nettement se caractériser. J'entends par là que l'on ne saurait décemment en parler que lorsque la pensée d'autrui a été prise, plus ou moins démarquée. Ce mot malsonnant n'interviendrait pas, par conséquent, pour des similitudes insignifiantes et passagères, par exemple dans le cas de quatre notes se suivant dans un ordre qui a déjà été vu, ou de trois accords s'enchainant d'une façon que l'on a déjà utilisée.

Sans cela, à l'heure où nous sommes arrivés, avec le nombre formidable de compositions qui s'entassent dans le passé, il n'y aurait pas un seul compositeur qui ne fût un plagiaire, et encore pour chacune des mesures qu'il écrit. On aboutirait ainsi à l'absurde. Chez certains critiques, cette accusation de réminiscences est néanmoins l'argument perpétuel et suprême ! Sous leur plume elle devient alors une monomanie flagrante, un ridicule intense (1).

*
* *

Ces cinq préceptes s'éclairent et se complètent mutuellement. Requis à un point de vue subjectif à peu près équivalent au point de vue objectif, ils forment un groupe incitant le critique à se garder d'une admiration de commande, lui faisant apercevoir les beautés et les défauts qui n'éclatent pas aux yeux de tous, les points faibles qui paraitront plus tard, lui facilitant l'élaboration de son opinion, provoquant la sûreté de son jugement.

(1) Pourtant, quelques cas produisent des coïncidences qui font croire faussement à un plagiat. Ainsi je me rappelle avoir rencontré la poésie de Victor Hugo, intitulée *Extase*, mise en musique de façon absolument identique par deux compositeurs qui ne se connaissaient nullement, pas même par leurs œuvres. La phrase principale, son développement, la coupe du morceau et la disposition de l'accompagnement, tout se retrouvait presque trait pour trait des deux côtés. Et il n'y avait pas une seule possibilité de supercherie. Dans ces conditions tout à fait exceptionnelles, c'est aux intéressés à fournir une explication après que le fait a été signalé.

Je répète, encore une fois, que ce groupe ne constitue pas un code de règles impératives, mais le fruit d'une étude entreprise dans le but d'aboutir à des résultats raisonnables. Je me suis d'ailleurs efforcé d'éviter, autant que possible, ce qui se rapproche du ton tranchant de doctrinaire.

Ces indications ne peuvent assurément protéger de l'erreur, mais elles constituent à la fois, selon le côté sous lequel on les envisage, une lumière générale dominant de haut la matière, dont on a le loisir d'user ou de ne pas user, et un cadre moyen d'activité, que chacun conserve la liberté de modifier à sa guise. L'élasticité de ce cadre enserrera tour à tour l'analyse très détaillée, à l'usage exclusif des professionnels et des initiés, et un court article de journal quotidien, cette sorte de télégramme rendu vivant, pour satisfaire, en l'instruisant, la curiosité de tous.

S'il m'est permis de faire connaître le fond de ma pensée sur ce point de la longueur des commentaires, j'estime que le critique ne doit pas imprimer à son travail l'impitoyable série des empreintes rigoureuses de ses investigations multiples.

Après qu'il a découvert les traits distinctifs d'une œuvre, d'un artiste ou d'une école, sa fonction est de les expliquer, en semant le plus possible des convictions, des idées. Se faire pleinement comprendre devient dès lors une nécessité. La clarté sera donc une de ses préoccupations. Il usera de mots précis, connus de tout le monde, au besoin de comparaisons empruntées à divers métiers ou aux autres arts (1). Il ne reculera même pas — à la condition cependant de ne l'utiliser qu'avec tact — devant la comparaison un peu vulgaire.

En un mot, on gagnera toujours à s'écarter de la sphère troublée des imaginations maladives et tourmentées, à se dégager de l'étrange et du compliqué, pour se maintenir de préférence dans une région calme, où s'expriment sainement des idées simples, où les explications se produisent avec le moins de mots possibles. Dans le domaine intellectuel, la prolixité et la complexité ne sont généralement pas autre chose que de pénibles efforts de la médiocrité pour s'imposer et imposer.

D'ailleurs, on est, en France, particulièrement favorisé pour se bien faire entendre, puisque, pour cet usage, notre langue reste, quoi que l'on en dise, le plus merveilleux des instruments, — quand on sait s'en servir toutefois. Cette recommandation de simplicité et de netteté est utile principalement au sujet de nos ouvrages de littérature musicale, car — honte à mes compatriotes, mais il faut cependant le révéler — généralement ils sont lus à l'étranger davantage que chez nous. La pratique montre que les passages où nous empruntons un style trop recherché, ne sont pas

_____

(1) Hugues Imbert par exemple, en s'adressant à la peinture au cours de ses démonstrations, le faisait avec bonheur.

goûtés hors de nos frontières. C'est parce que les autres pays considèrent la clarté comme une qualité de notre langue, qu'ils sont déroutés par des phrases manquant de ce caractère.

Puisque nous avons estimé que le critique devait consentir à ne pas être soi-même en jugeant un ouvrage, cela implique-t-il qu'ensuite, jusqu'à la fin de son étude, il conserve cette attitude neutre, s'incline sous une opinion qui n'est pas la sienne, renonce à proclamer cette dernière?

Non! à mon avis du moins. Si un tel travail constitue un jugement et une leçon, rien ne s'oppose à ce qu'il soit en même temps un redressement. Le critique musical a charge d'âmes. Voilà le grand point qu'il ne faut cesser d'envisager. Par conséquent, après s'être rapproché de l'auteur, et l'avoir jugé selon l'idéal dont celui-ci s'est inspiré, il peut très bien reprendre ses appréciations personnelles, se transformer en belligérant, et combattre les tendances de cet auteur. Je m'explique.

En matière de polémique, on n'opère aucune distinction entre les goûts agressifs et les goûts combattifs. De plus, on commet presque toujours une confusion étrange entre les personnes et les idées. De cette double méprise découle le discrédit dont est frappée parfois la polémique.

Une différence existe cependant entre l'agressif et le combattif. Être agressif, c'est attaquer, autrement dit provoquer la lutte pour elle-même. Être combattif, c'est, au contraire, riposter quand on est attaqué, autrement dit obéir à une nécessité de défense, abstraction faite du plaisir que certains éprouvent à saisir l'occasion qui se présente. Par conséquent l'agressif aime beaucoup plus la lutte que ne la recherche le combattif. Eh bien ! en pénétrant jusqu'au fond des choses, en scrutant les sentiments intimes, il est à remarquer que généralement les polémistes attaquant les personnes sont des agressifs, tandis que ceux qui attaquent les idées ne sont que des combattifs. Il y a une nuance entre les deux cas.

Il résulte de cette observation qu'entre ceux qui visent les personnes et ceux qui visent les idées, les premiers ne deviendront jamais sympathiques, tandis que les seconds le doivent rester. Ce ne sont pas les considérations personnelles qui les inspirent et les poussent en avant, mais la conviction seule.

Aussi bien, que l'on ne parle pas ici de tolérance, sans discernement. Elle n'a rien à faire en matière d'idées. Elle ne doit s'exercer qu'à l'égard des personnes. En somme, qu'est-ce que la tolérance à l'égard des idées ?

Ce n'est qu'un voile trompeur qui dissimule tour à tour le manque de conviction, l'indifférence, le scepticisme, l'hypocrisie, la pusillanimité et l'impuissance de volonté. Cette tolérance pour les idées, on peut l'admettre ; mais alors qu'elle s'affiche résolument active. En tout, la lutte est inévitable, bien plus nécessaire ;

et le parti qui la redoute sera fatalement perdu.

En résumé, les discussions de personnes doivent céder le pas aux discussions d'idées. Quant à celles-ci, aux critiques insignifiantes et inoffensives confites dans le miel de la conciliation, j'avoue préférer, parce qu'elles excitent et agissent davantage, celles courtoisement macérées dans le vinaigre de la polémique.

Quelle sera enfin l'attitude du critique en présence des deux courants contraires qui sollicitent perpétuellement l'esprit du public musical, l'un conservateur, l'autre réformiste ? Doit-il favoriser ceux qui ont le culte des résultats acquis, ou ceux que passionnent les conquêtes ? Doit-il se reposer avec la garnison qui surveille les territoires anciens, ou s'élancer à de nouvelles entreprises avec les corps expéditionnaires ?

Suivons du regard le résultat obtenu par chacun des deux partis. Après nous nous prononcerons en connaissance de cause.

Les réformistes estimant, — avec raison, d'ailleurs, — que le Beau ne reste pas immuable, mais varie, évolue, ils s'adonnent, dans le but de favoriser son essor, à des recherches opiniâtres qui sont à encourager. N'entendant pas que l'horizon musical soit limité le moins du monde, ceux-là le conçoivent de plus en plus vaste, de plus en plus immense. Malheureusement, à force de désirer l'avenir, ils en arrivent fréquemment à méconnaitre certaines notions élémentaires, à rompre trop radicalement avec le passé, dans lequel ils ne voient plus l'étoffe de cet avenir qu'ils appellent de leurs vœux. C'est ainsi que l'on aboutit parfois à l'incohérence, à l'excentricité, à la bizarrerie.

Les conservateurs, eux, s'affichent les défenseurs du passé, les partisans de l'état de choses actuel, dans lequel ils pensent rencontrer la perfection. Ne voyant pas les idées se développer et pousser, on trouve que, les domaines possédés étant suffisants et satisfaisants, il est inutile de s'en adjoindre d'autres. Ce point de vue permet de signaler avec justesse les exagérations et les erreurs de l'adversaire.

A la vérité, formant la partie résistante et permanente de notre société musicale, ils sont dépositaires de l'instinct de propriété et de conservation, de cet admirable instinct qui, à la suite d'une secousse violente, devient une force de contrepoids et d'équilibre.

Par contre, cet état d'esprit fait glisser trop souvent dans l'ignorance regrettable, dans le parti pris aveugle, dans la redite fastidieuse, arrête l'essor de certaines initiatives, paralyse des efforts libérateurs. Ce frein, qui fonctionne juste à point dans quelques circonstances, dans d'autres serre à l'aventure.

Il semble que les réformistes s'affichent aussi

nécessaires que les conservateurs. Ces deux extrêmes se complètent, agents de cette série d'actions contraires qui constituent, en somme, l'histoire de la musique. Par suite, il est évident que l'on ne peut assigner au critique musical une place fixe dans l'un des deux camps. Selon les circonstances et selon sa conscience, il figurera dans celui qu'il jugera le meilleur pour les destinées de notre art (1).

Un principe guidera sûrement ses pas : la préoccupation constante et simultanée du passé et de l'avenir. Puisse-t-il sans cesse se rappeler qu'il n'est de progrès réel et durable que quand l'opposition se dresse en face de la tradition, pour provoquer en elle l'évolution nécessaire.

(1) Quand les critiques changent d'avis, on ne saurait toujours le leur reprocher. Pendant longtemps ils ne comprenaient pas une forme d'art, et, à la longue, celle-ci pénètre leur esprit. Existe-t-il véritablement dans ce fait une chose répréhensible ?

CONCLUSION

Nous avons vu que la fonction de critique musical ne saurait s'improviser. Elle exige, au contraire, l'acquit de deux talents bien différents : la compétence du musicien professionnel, et l'habileté de plume de l'écrivain.

Alors se pose une question : lequel des deux éléments, ainsi mis en présence, doit l'emporter, le musical ou le littéraire ? En d'autres termes, dans la critique, faut-il préférer le savoir musical ou le talent littéraire, le musicien littérateur ou le littérateur musicien ?

Nous trouvons ici deux écoles adverses, et, pour répondre, il importe d'entendre les arguments invoqués de part et d'autre. Après les plaidoyers, nous nous prononcerons en puisant la doctrine inspiratrice dans la force de l'histoire et la réalité du présent.

Voici quel pourrait être le raisonnement des littérateurs musiciens :

« Dans les rangs des hommes de lettres se rencontreront toujours les meilleurs critiques musicaux, et la chose va de soi. Dans les arts plastiques, celui qui n'en connaît pas les règles, en ignore la pratique, ne sait pas en quoi pêche une figure mal dessinée, ni d'où provient tel ou tel défaut dans une statue. En revanche, il dira fort bien : « Cette tête possède l'expression grave qui lui convient. On a conféré à ces personnages une attitude satisfaisante. Ce paysage est triste, et cet autre gai. » De même celui auquel les secrets de la profession musicale sont étrangers, demeure incapable de discerner si telle composition est correcte ou savante, de raisonner sur les procédés techniques qui s'y réunissent. Mais, avec de l'oreille et du bon sens, il distinguera très bien si cette composition est expressive ou froide, variée ou monotone, juste ou fausse au point de vue du sentiment.

« Nous sommes ignorants, mais sensibles, et l'effet produit reste notre seul guide. En conséquence, sachant choisir, nous savons juger.

« Et non seulement nous savons juger la musique, mais nous avons encore qualité pour cela, puisque nous faisons partie du public, et que c'est à lui qu'on la présente. Comment, nous sortons émus d'une audition, et on voudrait nous défendre de rendre justice au talent d'un compositeur? Nous ne saurions proclamer notre enthousiasme ? Puisque toute œuvre musicale a pour fin d'exciter certaines sensations déterminées, tout homme, qui n'est pas sourd, et dont l'esprit est cultivé, n'aurait pas le droit de décider si elle atteint son but ?

« Enfin, un compositeur est inhabile à s'assimiler une pensée créatrice étrangère à la sienne, nous le constatons dans l'histoire et dans le présent. L'exemple de Beethoven et de Weber, qui ne se comprenaient pas, semble absolument typique, ainsi que celui de Berlioz et de Wagner. En l'espèce, nous sommes plus désintéressés, nous, parce que, sans entrer aucunement dans le métier, nous nous sommes formés le goût par l'habitude, par la comparaison, par l'application de notre cœur et de notre raisonnement aux sujets que les artistes proposent à l'admiration. Ce flair et cette impartialité promettent toujours une explication raisonnée, suffisante, et font de nous les meilleurs critiques.

« Oui, J.-J. Rousseau, notre maître, l'a sagement proclamé : nous seuls, écrivains, avons le pouvoir de parler de la musique ; quant aux musiciens, ils doivent se contenter d'en produire. »

Voici quel pourrait être le raisonnement des musiciens littérateurs :

« Votre point de départ, messieurs les hommes de lettres, pèche par la base. Notre art s'exprime dans un langage spécial, lequel ne devient vraiment accessible qu'à ceux qui le comprennent pleinement, régi qu'il est par des lois particulières et mystérieuses.

« Les connaissances musicales sont indispensables au critique, parce que, dans une œuvre, la pensée est le centre, et la forme, l'enveloppe. Il faut percer celle-ci pour arriver jusqu'à celle-là. En fait, vous louez l'ignorance. Or, l'ignorance, c'est le vide, et, dans le vide on est gagné par le vertige. Quel autre donc que l'homme compétent parlera d'une œuvre à bon escient? Quel autre expliquera son organisme? Quel autre discernera les causes individuelles et collectives qui l'ont déterminée? Quel autre désignera la phase de l'évolution à laquelle elle appartient? Et lorsqu'il s'agira d'un cas entouré de contradiction, le savoir ne fournit-il pas alors un point de repère?

« Vous n'avez donc pas qualité pour juger une œuvre musicale, parce que vous ne pouvez pas en dégager la pensée intime, le sens effectif. Vous ne songez, d'ailleurs, qu'à une littérature plus ou moins déclamatoire, à des fioritures de phrases, à des bavardages interminables. Egarer des sensibilités, voilà, en somme, le résultat de la prédominance du rhéteur.

« Des circonstances favorables ont étendu sur vous une couche mince et factice de savoir. Vos détails techniques, insignifiants ou vains, en fournissent tout au moins le témoignage palpable. Mais cela ne suffit point à remplacer ce qui vous manque. Oui! quelquefois vous jugez équitablement; vous trouvez le mot de la situation; mais alors vous traduisez nos décisions d'une façon heureuse.

« Vous affirmez aussi que ceux d'entre nous qui s'adonnent à la composition, ne savent pas rendre justice à un idéal différent du leur. Mais un reproche à peu près identique peut vous être adressé, car la partialité plus ou moins consciente n'est pas précisément inconnue chez vous. D'ailleurs, certains compositeurs savent oublier leur tempérament et leurs goûts pour pénétrer ceux de leurs confrères ; ils rendent justice même à des idées contraires aux leurs.

« En tout état de cause, avec nous, au moins, on retrouve la musique, tandis que, chez vous, elle disparaît, broyée qu'elle est sous la rhétorique qui, entre vos mains, devient alors un véritable marteau-pilon.

« En résumé, vous, écrivains, discréditez la profession de critique musical. Vous pesez sur la corporation d'un poids embarrassant. Vous êtes incapables, comme votre prédécesseur J.-J. Rousseau, de voir clair dans votre opinion, et bien parler de la musique constituera un privilège toujours interdit à votre ambition. Du reste, vos protestations sont intéressées : au fond, vous nous détestez, parce que vous avez conscience de votre médiocrité, et que vous vous rendez très bien compte que si le nombre des musiciens augmentait dans la critique musicale, vous seriez, par la force même des choses, peu-à-peu éliminés de cette dernière. »

Il y a beaucoup de vrai dans ce qu'affirme le premier plaidoyer et dans ce que prétend le second, mais ni l'un ni l'autre, ni même les deux réunis ne contiennent l'expression de la vérité. Où donc réside celle-ci ?

*
* *

Oui ! la musique occupe, entre les arts, une place spéciale, en ce sens que sa compréhension parfaite exige une certaine initiation. Nous pouvons l'affirmer en invoquant la réalité concrète et vivante.

Ainsi, des esprits de haute culture générale, dans leurs allusions à la peinture, à la sculpture ou à l'architecture, s'expriment, la plupart du temps, d'une manière fort acceptable. En revanche, dans notre région particulière, ils errent lourdement (1). Nous en apercevons des exemples frappants dans le monde universitaire, où certains dirigeants, après avoir été avertis par l'expérience, en sont arrivés à demander que l'on n'admette plus, pour les thèses de doctorat ès-lettres, que des sujets purement littéraires.

Considérons de même les traductions d'ouvrages dont quelques pages intéressent la musique. En ces endroits délicats, on commet des erreurs, ou on esquive la difficulté dans une périphrase superficielle.

(1) Ainsi, de M. Camille Mauclair on lit les études sur les arts plastiques, marquées au coin d'un esprit généralisateur très intéressant, alors que l'on se contente de parcourir celles qui sont relatives à la musique, de beaucoup inférieures. Chose curieuse, il vient de justifier lui-même cette manière d'agir à son endroit, dans un article paru dans le *Courrier musical* (n° du 15 juin 1905. le « Snobisme musical »).

Dans cet article, M. Mauclair déclare qu'au début de sa carrière d'écrivain, ayant cru devoir s'instruire en matière musicale, de même qu'il l'avait fait pour les lettres et la peinture. il fréquenta des musiciens. Là, il n'aurait rencontré que désillusions, car l'émotion serait totalement étrangère à ce monde spécial qui assiste aux exécutions une partition sous les yeux, et ne s'occupe que du détail technique. Quand il leur parlait sentiment, on aurait répondu procédé. Un seul s'échappait de cette règle générale, Chausson, qui, lui, arrivait, d'ailleurs, au concert les mains vides.

Dans ces circonstances. il y a eu certainement malentendu.

Mais c'est en archéologie surtout que l'on est amené à regretter parfois l'absence de savoir musical. Il n'est rien de plus typique, à cet égard, que les tâtonnements successifs qui escortent quelques reconstitutions du chant primitif chrétien. Dans deux des écoles, celle des Bénédictins et celle des Jésuites, on devine, derrière les exposés de théories, une pratique artistique insuffisante et une érudition par trop fraîche. On ne sera plus surpris, dans ces conditions, de voir proposer, dans une même pièce, plusieurs versions pour une seule figure neumatique. Or, en séméiographie, il est une règle fondamentale et de bon sens : un signe, établi dans une condition donnée, ne peut avoir qu'un sens, et un sens immuable (1).

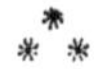

En somme, bien comprendre la musique, c'est être impressionné par des éléments que

Le musicien ne demeure pas insensible à la beauté sonore. Dans les entretiens sur son art, il s'intéresse au sentiment et à l'expression, mais d'une manière sommaire et précise, en arrivant droit au fait, sans digressions inutiles. M. Mauclair, ne se conformant pas à cet usage, sans doute, aura dérouté ses interlocuteurs.

Quant à Chausson, il lisait fréquemment la partition au spectacle. J'ai, à plusieurs reprises, été le témoin du fait. au Conservatoire.

Et il avait grandement raison. Chez le professionnel accompli. par suite de la double éducation de l'œil et de l'oreille, la lecture musicale se traduit en une audition mentale. Il en résulte que, pendant l'exécution, la partition devient pour lui un véritable résonnateur qui amplifie les sons.

(1) Pour prendre un exemple saisissant, admettrait-on un archéologue qui, rencontrant, dans une inscription, quatre fois le même signe, le traduirait successivement par « étoile, porte, table et charrue » ?

l'on est capable de discerner. Par suite le savoir demeure utile.

Un autre argument plaide en faveur de cette thèse. Le principe de la division du travail est une loi économique dominant le commerce et l'industrie modernes. Il doit également s'appliquer au domaine de l'intelligence, car celui-ci est devenu trop vaste pour qu'il soit possible à un seul individu d'en parcourir toute l'étendue. Chaque connaissance humaine comporte, pour ceux qui s'y adonnent, une spécialisation de plus en plus restreinte. La critique musicale ne saurait échapper au sort commun, et la compétence est devenue, chez elle aussi, une nécessité.

Mais alors le littérateur musicien serait-il un être inutile?

Non ! Il s'adresse à un public déterminé, correspond à une certaine mentalité. Il fait pénétrer la musique dans des milieux sinon hostiles, du moins indifférents, et, par conséquent, rend des services à sa cause sacrée.

Voyons les choses autrement, et confessons que la critique musicale compte des degrés analogues à ceux de l'instruction publique, ce qui ne saurait surprendre, puisqu'aussi bien elle instruit. Notre science, comme l'enseignement, est, en réalité, primaire, secondaire ou supérieure.

La critique musicale primaire concerne ceux qui ne sont pas musiciens. Pour prendre des noms que nous avons cités, c'est celle de MM.

Bellaigue. Combarieu, Gauthier-Villars et Mendès.

La critique musicale secondaire est à l'usage de l'amateur un peu musicien et du professionnel en période de formation. Nous y trouvons MM. Bruneau, Debussy, Fauré (1), de Fourcaud, Pougin, Soubies et d'Udine.

La critique musicale supérieure intéresse les musiciens professionnels et les amateurs très éclairés. Rangeons dans cette catégorie Joncières, Rousseau, MM. Lalo, Laloy, Malherbe et Saint-Saëns.

Quel sera donc le critique idéal ?

De tout ce qui précède, nous devons conclure que le critique idéal sera soit le technicien musical qui sait traduire ses explications en phrases élégantes, soit le littérateur qui possède à fond les secrets de l'art des sons. Exclusivement ici, la réflexion décisive se découvrira, que seule la technique peut inspirer.

Une restriction s'impose cependant pour le premier cas. Quand le critique est doublé d'un musicien professionnel s'adonnant activement à la composition, alors il devra éloigner absolument l'esprit étroit et partial; autrement il aurait une tendance trop marquée à n'admettre

_____

(1) Ne nous arrêtons pas à ce fait que les compositeurs critiques ont le plus d'autorité, car il ne signifie rien. La naïveté du public n'a aucun poids devant l'observateur.

les œuvres que dans la mesure où elles se rap-
prochent de son idéal (1).

Cependant, on m'objectera sans doute que,
malgré sa méthode, ses soins et ses qualités,
le critique musical, en somme, jugera d'après
son goût. Ses décisions, en conséquence, n'auront toujours qu'une valeur individuelle.

Assurément. Mais il ne s'agit pas ici d'exactitude mathématique, ou d'universalités reconnues. Au contraire la matière est essentielle-
ment discutable, et restera sans cesse discutée.
Il ne faut pas se méprendre sur les mobiles
de notre science. Elle ne prétend pas le moins
du monde sortir du temps pour entrer dans
l'absolu. Elle a un empire, mais ne songe nullement à en étendre les limites.

D'ailleurs, avec les procédés de travail que
nous avons choisis, la part du goût individuel
a été limitée autant que faire se pouvait. Il ne
demeure plus l'élément principal, comme le
voudrait notamment M. d'Udine.

Que l'on ne proclame donc pas qu'il faille
supprimer la critique musicale, sous prétexte
qu'elle n'aboutit pas à un résultat indiscutable.
Ce serait tout simplement ridicule. Autant alors
réclamer la disparition des tribunaux ordinaires. Leurs jugements, eux aussi, n'ont, au

---

(1) Ne nous attardons pas à l'argument d'Imbert (*Guide
Mus.* de 1897, 344) que le compositeur ne devrait pas exercer
la critique, parce qu'alors il se trouve à la fois juge et partie.
Ne jouons pas sur les mots. Un compositeur critique ne
sera véritablement juge et partie que quand il rendra compte
de ses propres ouvrages.

fond, qu'une valeur individuelle. La preuve, c'est qu'ils peuvent être soumis à des tribunaux d'ordre supérieur. Quant à la cour de cassation elle-même, on sait que sa jurisprudence varie perpétuellement, sous la poussée de courants d'opinion, lesquels se composent, en réalité, d'agglomération de sentiments individuels.

Cet argument qui nous serait maintenant opposé après nos déductions, ne vaut donc pas, somme toute, que l'on s'y arrête.

Oui! quoi que l'on en dise, la critique musicale, dans ses trois degrés, en se surveillant et en se perfectionnant un peu, vaincra toute défiance, acquerra certainement l'autorité qui lui manque. Elle en arrivera non à s'asservir l'opinion, mais à lui indiquer, sans de trop fréquentes méprises, l'orientation qu'il est préférable de suivre.

Je sais qu'il est encore possible de parler en ce moment du cas où elle sera dominée par les circonstances particulières qui auront façonné des œuvres spéciales par un courant d'idées factices, où, subjuguée par suite, elle ne jugera pas avec toute l'exactitude désirable.

Eh bien! il y a là une particularité très rare. D'ailleurs, le mal sera très réparable, car le temps, ce critérium sûr, mettra toutes choses au point, indiquera où réside la vérité. Encore une fois, la perfection n'étant pas de ce monde, pourquoi s'obstiner à l'exiger ici?

Je terminerai en revenant sur un fait signalé

en commençant, qui ne saurait être sérieusement contesté. C'est l'in[illegible] pour
la critique musicale, pr[illegible] de modifier
sa façon d'être, sa mani[illegible] S[illegible] n-
nement ne saurait c[illegible] les c[illegible]-
tions actuelles. On peut dire [illegible] n
aucune, qu'il y a là une p[illegible] se jouent les
destinées de son avenir. Il faut donc que, sous
la pression des événements, de bonnes résolu-
tions prennent consistance.

Puisse mon modeste travail — qui n'a pas la
prétention de constituer un manuel du parfait
critique musical — être pour beaucoup une
occasion de préciser des pensées mal définies.
C'était mon unique but. C'est ma seule ambition.

TABLE DES MATIÈRES

Imp. d'Ouvriers Sourds-Muets, 31, Villa d'Alésia. Paris.

29 mai 12

9 782329 468563